Fr. JOURDE.

SOUVENIRS

D'UN

MEMBRE DE LA COMMUNE

L'Évasion.

La Mort de Delescluze.

Une Exécution.

Le Speculum. — Un Forçat libéré.

BRUXELLES

LIBRAIRIE CONTEMPORAINE DE HENRI KISTEMAECKERS

60, BOULEVARD DU NORD, 60.

1877

SOUVENIRS

D'UN

MEMBRE DE LA COMMUNE

Déposé aux termes de la loi.

Tout exemplaire est revêtu de la signature de l'auteur.

Fr. JOURDE.

SOUVENIRS

D'UN

MEMBRE DE LA COMMUNE

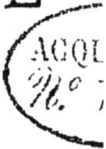

L'Évasion.

La Mort de Delescluze.

Une Exécution.

Le Speculum. — Un Forçat libéré.

BRUXELLES

—

LIBRAIRIE CONTEMPORAINE DE HENRI KISTEMAECKERS

60, BOULEVARD DU NORD, 60.

—

1877

CASE DE DÉPORTÉS (ILE DES PINS).

L'ÉVASION

e 14 octobre 1873, le vapeur *la Rance*, portant pavillon amiral, mouillait dans le port
de Kuto, à l'île des Pins.

L'arrivée mensuelle d'un navire de l'État (l'accès
de l'île étant interdit aux navires de commerce)
était toujours, pour les deux mille Robinsons de
l'île des Pins, un événement venant rompre la
sombre monotonie de l'existence du pénitencier.

Cette fois, les nouvelles apportées par *la Rance*
étaient des plus favorables pour quelques-uns d'entre
nous. Par décision du gouverneur, une vingtaine de
déportés simples étaient autorisés à résider à Nouméa. Ce n'était pas là une faveur, mais bien l'application formelle d'un article du règlement concernant
la déportation simple.

Entre le régime des *blindés* et des *simples* il n'y

avait pour ces derniers que ce seul avantage : c'est
que, sur la demande et sous la responsabilité d'un
négociant ou d'un propriétaire, ils pouvaient être
autorisés à séjourner sur la grande terre, et à y
vivre, dans une liberté relative, de leur travail ou
de leur industrie.

Pour les condamnés à la déportation dans une
enceinte fortifiée, l'autorisation ne pouvait être obte-
nue qu'après un séjour de cinq années à la presqu'île
Ducos.

Depuis mon arrivée, j'avais été fréquemment
demandé par des négociants de Nouméa, mais le
gouverneur s'était toujours opposé à mon change-
ment de résidence; ma présence sur la grande terre,
était, paraissait-il, un danger pour l'administration,
et celle-ci s'était opposée de toutes ses forces à ce
que je pusse bénéficier des avantages qui m'étaient
réservés par ma condamnation.

Néanmoins, sur mes nombreuses protestations, le
directeur de la déportation s'était décidé à me
reconnaître, comme à tous mes camarades, le droit
de vivre en travaillant à Nouméa, puisque j'y trouvais un négociant qui répondait de moi et devait
me fournir de l'occupation.

J'allais donc faire partie des deux à trois cents
privilégiés qui tentaient de se procurer dans la capitale Néo-Calédonienne, une situation un peu meilleure que celle qui leur était faite par le régime
appliqué aux quatre mille déportés expédiés en
Nouvelle-Calédonie.

Bien que tous mes camarades de la déportation simple eussent droit à cette amélioration, il s'en fallait de beaucoup qu'ils pussent sûrement y prétendre. C'était encore là-bas, comme devant les conseils de guerre, les hasards d'une véritable loterie qui venaient accroître ou adoucir les conséquences de notre participation à la révolution du 18 mars.

Pour les uns — le bagne avec ses honteuses promiscuités, ses tortures physiques, ses douleurs morales plus terribles encore.

Pour d'autres — la déportation dans une enceinte fortifiée, sur une presqu'île aride, sans eau, sans ressources d'aucune sorte, avec un régime tout au plus suffisant pour ne pas mourir de faim, régime aggravé par les fureurs d'une chiourme mise au service d'une administration militaire tyrannique et cruelle.

Enfin, pour trois mille condamnés à la déportation simple, un régime en tout semblable à celui des déportés de la presqu'île Ducos, mais avec cette faible espérance de pouvoir, dans un temps plus ou moins rapproché, quitter l'enfer de l'île des Pins pour le purgatoire de Nouméa.

Mais la Nouvelle-Calédonie, grâce à son intelligente administration et après une occupation de vingt-cinq années, n'offre, pour ainsi dire, aucune ressource aux ouvriers parisiens. Quatre à cinq cents peuvent espérer d'y trouver le pain quotidien; pour les autres, arrivés trop tard, ou de profession

non utilisables ou représentées par un personnel
trop nombreux, c'est l'existence du forçat, une
nouvelle condamnation au pénitencier à perpétuité;
pour ceux là, pour nos amis de la presqu'île Ducos
et de l'île Nou, l'amnistie restait le seul espoir. Les
événements ultérieurs ont prouvé qu'il n'y fallait
pas compter.

*
* *

Le 17 octobre, à six heures du matin, nous arri-
vons sur le quai d'embarquement; en quelques
minutes nous sommes installés à bord de *la Rance*.

Dans la batterie qui nous est destinée, on met
aux fers quatre déportés, qui vont répondre devant
le conseil de guerre à une accusation de tentative
de meurtre, accomplie dans les circonstances suivantes :

Les déportés, à l'île des Pins, étaient répartis sur
cinq emplacements appelés communes; ils devaient
désigner parmi eux, pour chaque commune, trois
délégués chargés de la surveillance et de la distribution des vivres et des vêtements. L'un de ces
délégués fut accusé par ses camarades d'avoir retardé
la distribution des vêtements qui lui avaient été
remis. Une rixe s'en suivit. Le délégué fut assez
malmené et il dut être transporté à l'infirmerie. Ses
blessures étaient, d'ailleurs, sans gravité, car je le

rencontrai quelques jours après parfaitement rétabli.
Il fut, néanmoins, retenu trois semaines à l'hôpital.
Le commandant territorial voulait faire un exemple,
et il tenait à donner à l'affaire la plus grande importance.

Les quatre déportés comparurent devant le conseil de guerre et, en deux heures, l'affaire fut
entendue. Quatre condamnations à mort étaient
prononcées.

Cependant, l'un des condamnés était absolument
innocent, ses trois camarades le déclaraient avec la
plus grande énergie. Pas un témoignage n'était
venu l'accuser. Il n'avait à sa charge que l'étroite
amitié qui le liait aux trois coupables, mais il fallait,
paraissait-il, quatre exécutions.

Elles eurent lieu à l'île des Pins, entourées d'un
appareil formidable.

La garnison de l'île fut doublée. Une batterie
d'artillerie, installée dans la plaine d'Uro, choisie
pour le lieu de l'exécution, montrait à la déportation
la gueule menaçante de ses canons.

La chiourme, en grande tenue, chassepot étince-
lant, revolver au côté, apportait son concours à cette
belle fête ; dans ses rangs, serait choisi le peloton
qui devait avoir les honneurs de la journée.

Les quatre condamnés arrivèrent, calmes, fermes,
impassibles, saluant d'un sourire les camarades
qu'ils reconnaissaient et qui étaient venus leur
donner un adieu suprême.

En tête des condamnés marchait un enfant de

vingt ans, celui que ses camarades n'avaient cessé
de déclarer innocent. Un recours en grâce, en sa
faveur, avait été rédigé par M. Dezarnaulds, avocat
à Nouméa; la demande avait été purement et simplement rejetée. Cela aurait compliqué l'affaire, et
donné lieu à une nouvelle et ennuyeuse procédure,
selon l'opinion gracieusement exprimée par un
membre du conseil de guerre.

Quatre poteaux étaient dressés dans la plaine.
Les condamnés, sur leur parcours, avaient aperçu
quatre cercueils, délicate attention du surveillant
en chef Hugueny.

Adossés à leur poteau, les condamnés durent
entendre la lecture séparée du jugement qui les
frappait. Cette lecture dura une demi-heure.

Le peloton d'exécution, l'arme au pied, attendait. Le plus jeune des condamnés, s'apercevant de
l'émotion à laquelle était en proie l'un des exécu-
teurs, lui dit, avec cet accent gouailleur du gamin
de Paris : « Allons donc, numéro un, du sang-froid,
nom de Dieu, ce n'est pas vous qu'on va exécuter. »
Et, souriant à la mort, il se mit crânement au poteau
qui lui était destiné.

Tous quatre tombèrent foudroyés, sans que leur
calme se fut démenti un seul instant.

Après l'exécution, les quatre poteaux furent peints
en rouge. On les a laissés au milieu de la plaine
aride, témoins muets d'un sauvage assassinat.

*
* *

La Rance se disposa pour l'appareillage — mais survint un contre-temps. Sous l'habile direction du capitaine de vaisseau Gaulthier de la Richerie, le navire a perdu, dans la nuit qui précède le départ, deux de ses ancres; depuis le matin on est à leur recherche.

Enfin, on vient de les découvrir et il faut se livrer, jusqu'au soir, aux plus fatigantes manœuvres pour les recueillir.

Messieurs les passagers déportés, c'est le nom que nous donne le capitaine de manœuvre, font partie de l'équipage et, pendant une grande partie de la journée, il nous faut, avec les matelots, virer au cabestan.

Je ne connais pas de besogne plus éreintante que celle qui consiste à tourner, au nombre de soixante hommes, autour d'une espèce de roue horizontalement placée, et à pousser de toute sa vigueur sur des bras qui représentent, à peu près, les rais de la roue. Pour nous donner du cœur à la besogne, un clairon sonne avec énergie une marche rapide qui nous fait courir en mesure. Le second maître nous encourage par ces formules étranges : « Marche avec tes mains, marche avec tes pieds, garçon ». Une fois

pris dans l'engrenage , impossible de s'arrêter ;
l'impulsion donnée à la roue nous entraîne, et il faut
véritablement se livrer à une gymnastique effrénée
pour franchir les obstacles que nous rencontrons à
chaque pas : barres d'anspec, bouts de chaînes,
paquets de cordages. Pendant plusieurs heures nous
dûmes nous livrer à ce trop salutaire exercice.

Le lendemain, seulement, nous nous mettons en
marche. A moitié chemin, c'est-à-dire à dix lieues
du point de départ, nous subissons un transborde-
ment ; c'est le transport *le Cher* qui doit nous conduire
à Nouméa, ainsi l'exigent les caprices du marin
Gaulthier de la Richerie, qui n'a jamais navigué.
C'est bien là le véritable type du capitaine de la
« Salamandre ».

Le voyage exige huit heures de navigation entre
l'île des Pins et Nouméa. Pour vingt hommes il
fallut deux longues journées et deux transports.

La vigie signale « terre ». Le pilote monte à
bord. Nous sommes à Nouméa.

* *
* *

Port-de-France, ou Nouméa, est une petite ville
de chétive apparence située à l'extrémité d'une assez
vaste presqu'île dans la partie sud-ouest de l'île.

Elle est dominée par de hautes collines qui l'abritent contre les vents et en font une petite fournaise. L'espace compris entre les trois collines Est-Nord et Ouest, a été conquis sur la mer à l'aide de remblais, et l'on ne pourrait élever de constructions sérieuses que sur pilotis enfoncés préalablement à une profondeur considérable.

Les maisons, sans étage, sont construites en bois; les jours de coup de vent il faut les attacher à l'aide de chaînes ou de cordages pour que la ville ne se retrouve pas, le lendemain, installée à quelques lieues de là ou tout simplement au fin fond du Pacifique. L'eau y fait complétement défaut, et c'est grâce à des citernes fréquemment taries que l'on peut se procurer un peu d'une eau à peine potable. La population est composée d'environ cinq mille habitants, presque tous fonctionnaires ; gendarmes, surveillants militaires, officiers et employés d'administration, gouvernement colonial. A peine cinq cents colons se livrent-ils au commerce ou à l'industrie.

En parcourant la ville, nous sommes frappés de son aspect misérable. La rue de Sébastopol, la rue de Magenta, la rue de l'Alma, les trois rues principales, sont dans un état complet d'abandon ; les jours de pluie, la rue de l'Alma devient un véritable marais absolument infranchissable.

Le gouvernement colonial a, à sa disposition, une force considérable, près de huit mille forçats, dont le travail pourrait rendre les plus grands services. Pour leur donner de l'occupation, on s'est mis en tête de leur faire abattre une petite montagne, ressemblant

assez à nos buttes Montmartre et appelée la butte
Conneau. On a calculé que, la marche des travaux
continuant dans les mêmes conditions que pendant
les dix années écoulées, il faudrait un demi-siècle
pour mener à bien ce travail.

Remarquons que le travail des forçats, à l'île Nou
et sur les camps répartis dans l'intérieur est d'un
rendement à peu près nul. D'après un article des
règlements, tout employé du gouvernement, ayant
le rang d'officier, a droit à un ou plusieurs forçats,
selon l'importance de son grade.

Les condamnés à la transportation remplacent,
pour ces messieurs, les domestiques des deux sexes.
Les rues de Nouméa sont remplies de ces malheureux qui promènent les « babys » de nos dirigeants;
ils sont, en outre, chargés de la lessive, de la cuisine, enfin de tous les soins de la maison et cela,
sans la plus légère rémunération.

Les maîtres de ces esclaves ont, sur ceux-ci, droit
de vie et de mort, pour ainsi dire. Je me souviens
qu'un jour j'assistai à un spectacle lamentable.
Un directeur de service topographique, gaillard
d'une force herculéenne, rouait de coups, dans
son jardin, un forçat d'une soixantaine d'années
occupé, ce jour-là, au blanchissage. Il avait un
peu brûlé, en la repassant, la robe de madame.
Après la correction infligée, je descendis auprès du
vieux forçat tout sanglant et lui demandai si les
règlements ne s'opposaient pas à ce qu'un semblable
traitement lui fût infligé.

« Certainement, me fut-il répondu ; je pourrais
me plaindre; mais voici ce qui m'arriverait : mon
patron serait appelé à s'expliquer ; il se contenterait
de dire qu'il m'a trouvé en train de le voler et, pour
m'éviter les cinquante coups de fouet réglemen-
taires, et par pure humanité, il s'est borné à m'in-
fliger une correction exemplaire au lieu d'adresser
sa plainte. Là-dessus, il serait doucement blâmé,
et l'on m'appliquerait cinquante coups de corde ; je
mourrais sous les coups : à mon âge on ne résiste pas
à la peine du fouet. » Je ne trouvai rien à répondre
devant cette douloureuse explication.

Le gouverneur, seul, tire un profit sérieux du travail
des forçats ; il en occupe 99 (le gouvernement ne lui
permettant pas l'emploi de cent transportés) soigneusement choisis parmi les meilleurs ouvriers menuisiers
et ébénistes du bagne. Ces hommes fabriquent, avec
les beaux bois du pays, des meubles qui sont expédiés
aux frais de l'État et vendus au bénéfice du gouverneur. Voilà tout ce que l'État a trouvé pour moraliser
ses huit mille forçats et les rendre utiles à la patrie.

La ville de Nouméa, à l'exception d'une cinquantaine de débits de boissons, n'a guère qu'une
vingtaine d'établissements de commerce et une
dizaine d'entreprises industrielles.

Les relations, par terre, avec l'intérieur du pays
sont à peu près nulles. Deux routes seulement ont
été construites : l'une d'une longueur de vingt kilomètres conduisant au Pont des Français et à Païta,
au nord; l'autre, partant du quartier latin, un fau-

bourg de Nouméa, conduisant à l'anse Vata, à quatre
kilomètres. L'anse Vata, l'un des endroits les plus
pittoresques des environs, n'a d'autre habitation
qu'un café-restaurant délicieusement situé, ce qui
ne suffirait pas à expliquer l'établissement d'une
route, alors que le reste du territoire en est à peu
près dépourvu ; mais le gouverneur possède, de ce
côté, une charmante résidence d'été. Cette considération seule répond aux critiques malintentionnés
qui avaient demandé que les fonds, inutilement
dépensés, fussent consacrés à faire venir de la
Dumbea, rivière qui coule à deux lieues de Nouméa,
l'eau indispensable aux malheureux habitants du
chef-lieu de la colonie.

Ce travail de si grande importance, facile à exécuter avec l'armée de travailleurs à la disposition
des autorités coloniales, est, disons-le, terminé sur
le papier depuis plus de huit années.

Que deviennent donc les dix millions jetés, par la
métropole, dans cette colonie pénitentiaire ? Les
trop nombreux fonctionnaires qu'on y emploie
pourraient seuls nous renseigner. Ainsi que l'a dit
M. Paul Merruau : « Il semblerait que la colonie
fût faite pour les emplois et non les emplois pour
la colonie. »

*
* *

On peut dire de Nouméa que c'est une ville sans commerce, sans industrie, sans débouchés d'aucune sorte. Les farines destinées à l'alimentation lui viennent d'Adelaïde ; les bœufs et les moutons sont achetés en Australie. Jusqu'à ce jour l'élève du bétail n'a donné que de décevantes promesses mais pas de résultats.

Les plantations de café, de maïs, de canne à sucre ne suffisent pas aux besoins de la colonie ; c'est du dehors que notre établissement doit recevoir les approvisionnements, et il n'a à donner en échange que les millions du budget que la mère patrie lui accorde.

Les mines, sans capitaux sérieux pour leur exploitation, n'ont encore servi qu'à enrichir quelques spéculateurs et à fournir le prétexte à la fondation de la Banque de la Nouvelle-Calédonie, patronnée avec une audace impudente par le *Figaro*.

Un écrivain que l'on ne soupçonnera certainement pas d'être un homme d'opposition systématique, M. Paul Merruau, écrivait dans la *Revue des Deux Mondes*, livraison du 1er novembre 1871 : « La colonisation, œuvre lente dans toutes les « possessions françaises où l'action du gouverne-

« ment se substitue à l'initiative individuelle, est
« particulièrement difficile à la Nouvelle-Calédonie.
« L'île est saine, mais de peu d'étendue. Elle est
« séparée du reste du monde (l'Australie exceptée)
« par des mers immenses. L'espace est restreint,
« les 2/3 de l'île étant couverts de montagnes à peu
« près stériles ou bonnes tout au plus pour l'élève
« du gros bétail. La colonisation des vallées ren-
« contre un obstacle dans les barrières de montagnes
« où elles sont enfermées. Cette conformation du sol
« interdit les communications par terre. Le trans-
« port des denrées, du matériel et des voyageurs
« est limité à la voie de mer... Rappelez les troupes
« de la Nouvelle-Calédonie, il n'y restera plus rien,
« car avec elles disparaîtront les petites indus-
« tries. »

Malgré la déplorable situation de la colonie, le
gouvernement français, qui laisse sans emploi tant
de bras laborieux, n'a pas hésité à faire appel aux
colons libres. Quelques-uns se sont laissés prendre
aux fallacieuses promesses qui leur étaient faites.
La réalité leur ménageait de douloureuses surprises.
Presque tous ont été demander à l'Australie les
avantages qui font défaut à la Nouvelle-Calédonie,
grâce à l'intelligente administration militaire chargée de ses destinées.

Pour donner une idée des faibles ressources
offertes par la Nouvelle-Calédonie à la déportation
simple, il suffit de prendre les chiffres officiels de
condamnés, par profession, et de voir dans quelle

proportion, après deux années de séjour, combien avaient trouvé du travail.

DÉPORTATION SIMPLE.

PROFESSIONS.	NOMBRE.	UTILISÉS.
Commerçants et industriels	78	13
Ouvriers en métaux	290	46
Ouvriers en bois	209	42
Ouvriers en bâtiment autres que les ouvriers en métaux ou en bois . .	400	50
Ouvriers pour vêtements	170	19
Employés divers	170	23
Ouvriers pour les travaux de la terre .	87	22
Professions diverses	772	93
Professions libérales	17	4
Au service d'autrui	160	29
Divers	145	43
TOTAUX . . .	2498	384

Les 384 déportés utilisés étaient répartis sur le territoire de la manière suivante : 209 à Nouméa, 56 à la Ferme modèle de Gomen, 32 aux mines du Diahot et Balade, au nord de l'île, à cinquante lieues de Nouméa ; enfin, 20 cultivateurs à la mission de la Foa et 67 sur diverses propriétés.

Le nombre des déportés simples était, en 1874, de 2498 ; comme on le voit, quatre cents à peine avaient pu conquérir le pain quotidien. Pour l'enceinte fortifiée, huit cents travailleurs absolument empêchés par le régime auxquels ils sont soumis — si, à ces chiffres nous ajoutons trois cents condamnés aux travaux forcés à perpétuité ou à temps, nous trouvons un total de près de trois mille cinq cents hommes privés de toutes les ressources que leur assureraient le travail et la liberté.

Depuis trois années, ces chiffres ne se sont pas sensiblement modifiés. Grâce à la large clémence et à l'expédition dans la colonie de nouveaux et nombreux condamnés, nous avons toujours plus de trois mille travailleurs en proie à toutes les souffrances, à toutes les privations, en butte aux odieux traitements qui leur sont infligés par les officiers qui les gardent. Otages de la défaite, ils subissent toutes les rigueurs d'un implacable *væ victis*.

*
* *

En arrivant à Nouméa, les déportés doivent faire une première visite au directeur de la déportation. Ils reçoivent un permis de séjour qui leur donne le droit de circuler librement dans un rayon de 25 kilomètres autour de leur résidence, ils ne peuvent en changer sans une nouvelle autorisation émanant du chef-lieu. Ils doivent, une fois par mois, se rendre au poste des surveillants militaires pour signer une feuille de présence.

Le déporté doit subvenir à tous ses besoins, et ne plus compter sur l'aide de l'administration. Si le travail vient à lui manquer il est purement et simplement renvoyé à l'île des Pins. Tombe-t-il malade, il ne peut être admis dans les hôpitaux de la déportation que sous la condition de payer les frais de son traitement, soit 8 francs par jour de maladie.

Bien que la loi déclare que le déporté jouira sur les lieux de déportation de ses droits civils, il ne faut pas en conclure qu'il soit rentré dans le droit commun. Un extrait d'une lettre du procureur de la République, chef du service judiciaire, en sera la meilleure démonstration : « SERVICE JUDICIAIRE. — 20 *novembre* 1872. — Sans doute les déportés sont » dans l'attente de la solution qui doit être prise et » peut-être serait-il bon qu'ils sachent que, pour » tous ces délits, ils sont dans la main de l'autorité, » qui les châtiera sans formalités de justice; tandis » qu'avec la répression judiciaire, il faut des délais, » un certain appareil, et dès lors on leur fournit une » occasion de faire parler d'eux, de se placer sur un » piédestal, et, sous prétexte de se défendre, de » causer quelque scandale. — *Signé* JANVIER. »

Quelle conduite tenaient donc les déportés pour justifier les termes d'une semblable lettre? Nous allons le dire, nous appuyant rigoureusement sur des chiffres officiels :

Du 10 octobre 1872 au 1er janvier 1874, les condamnations encourues par les déportés sont les suivantes : vols qualifiés 2, faux 1, vols d'argent 3, détournements de bois au préjudice de l'État 3, tentatives de meurtre 4.

Nous trouvons donc, pour faits graves, 13 condamnations sur quatre mille déportés. Proportion
3 pour 1000.

Les condamnations légères, pour indiscipline ou
ivresse manifeste ne dépassent pas 83.

Dans la même période, pour les surveillants militaires, les condamnations et punitions présentent
une proportion de 10 p. c.

Il nous a semblé utile de donner ces détails pour
établir la vérité sur cette tourbe de voleurs, d'incen-
diaires et d'assassins qu'il a fallu arracher à la patrie
pour rassurer les honnêtes abonnés du *Pays* et du
Figaro.

*
* *

Le lendemain de notre arrivée à Nouméa, l'un de
nos compagnons d'évasion Ballière, et moi, avions
réussi à nous caser a peu près convenablement.
Ballière était devenu le comptable du seul marchand
de bois du pays. De mon côté, j'étais accepté comme
comptable principal de l'unique boucherie de l'île.
Cet établissement, monté par la plus importante
maison de commerce de la Nouvelle-Calédonie,
était non-seulement chargé de l'approvisionnement
de la ville, mais encore de la fourniture au gouvernement colonial de toutes les rations de viande
destinées aux troupes, aux établissements de l'île

Nou, aux déportés de la presqu'île Ducos, aux surveillants, gendarmes, etc.; de fournir, en outre, le bétail, sur pied, nécessaire pour le retour aux navires de l'État et du commerce.

Le chiffre d'affaires avec l'administration s'élevait, de ce chef, à plus de 80 mille francs par mois. L'habile négociant, Higginson, s'était emparé, avec une rare audace commerciale, du monopole des fournitures du gouvernement. En dehors des viandes sur pied ou abattues, il approvisionnait l'administration de toutes les farines nécessaires.

Le mouvement commercial de cette maison s'élevait à environ 4 millions de francs par année; le commerce général de l'île ne dépassant pas dix millions de francs, on voit que la maison Higginson s'était attribuée la part du lion.

Pour Higginson, les soumissions étaient de simples formalités, dont il savait éluder les engagements lorsque ceux-ci ne lui laissaient pas de bénéfices satisfaisants.

Après l'inventaire que je lui dressai et qui constatait un léger déficit, il se rendit chez le gouverneur et, bien que sa soumission l'engagea pour une année encore, il obtint une surélévation de ses prix de vente de près de cinq centimes par kilogramme. C'était, en sa faveur, une différence de deux mille francs par mois. Il en avait été de même pour un marché de farine, marché véritablement scandaleux qui causait à l'administration une perte de plus de cinquante mille francs par an. Ces deux soumissions

coûtèrent à Higginson une trentaine de mille francs
d'épingles offertes à Mme de la Richerie.

Un gouverneur peu scrupuleux peut s'assurer
annuellement un revenu de deux cent mille francs
au minimum : traitement de capitaine de vaisseau,
indemnité de gouverneur, traitement de table, soumissions consenties et amendées en faveur du négociant sachant délicatement faire sa cour à l'épouse
du gouverneur par le cadeau, sous forme de billets
de banque, d'épingles, pour lesquelles ces dames ont
une véritable passion ; ajoutons à tout cela certaines
expropriations, pour cause d'*utilité publique*, au choix
du gouverneur, le travail non rémunéré de 99 forçats,
un palais splendide, des terres choisies et d'une
exploitation facile, que sais-je encore ?

*
* *

Nous nous aperçûmes bientôt que la vie à Nouméa n'était guère plus supportable que celle de l'île
des Pins. Les rares déportés qui avaient réussi à se
créer une situatiou indépendante étaient l'objet de
la haine des fonctionnaires de la colonie. L'estime
acquise auprès des colons était pour eux un grave
sujet de mécontentement, et nous pûmes nous apercevoir, Ballière et moi, que l'on ne tarderait pas à
saisir le prétexte le plus futile pour nous rejeter de

nouveau dans le pénitencier que nous avions quitté.

Notre société d'aide mutuelle, l'*Union*, créée avec l'approbation du gouverneur, avait irrité au delà de toute expression quelques hauts mandarins.

N'avions-nous pas réussi à fonder, entre nous et avec le seul concours des travailleurs déportés de Nouméa, une Société qui fonctionnait avec une régularité attestant les sentiments de solidarité qui nous animaient tous ?

En trois mois, nos recettes s'étaient élevées à la somme de 813 francs, nos dépenses avaient été de 738 francs. Nos débiteurs représentaient un actif de 400 francs. — A l'aide de ces ressources nous avions pu soigner tous nos camarades malades, soit à domicile en payant un médecin, les médicaments et en versant 2 francs par jour, soit en obtenant leur admission à l'hôpital par le versement des 8 francs exigés par jour de maladie. Nous avions pu fréquemment venir en aide à quelques-uns de nos compagnons surpris par le chômage ou par l'arrivée de leur famille venue de France pour partager leur exil.

Un tel exemple de concorde et de solidarité ne pouvait se tolérer davantage, et j'appris que la situation du président de la Société était fort menacée en haut lieu. Mes camarades avaient bien voulu me désigner pour ce poste de confiance.

Il fallait donc, à tout prix, essayer de se soustraire aux caprices et à l'arbitraire de nos geôliers.

*
* *

Dans les premiers jours de février, mon excellent ami Ballière vint me proposer de mettre à exécution les projets que nous caressions depuis quelque temps déjà.

Un navire australien consentait à nous prendre à son bord moyennant le versement d'une somme de deux cent cinquante francs pour chacun. A l'aide des ressources que nous fournissait notre travail et, au besoin, avec le concours d'un ami, la question d'argent était résolue. Restait à atteindre le bateau sauveur sans être vus. A bord, nous devions être cachés dans une caisse à biscuits et n'en sortir qu'après que nous serions au large.

Avec le concours d'un jeune Badois, employé de commerce à Nouméa, qui nous avait toujours témoigné une grande amitié et un véritable dévouement, il fut convenu que nous tenterions, dans la nuit, de nous emparer de l'une des barques laissées sur le rivage, dans un endroit non surveillé, et que nous gagnerions, sans bruit, le navire qui devait appareiller aussitôt le soleil levé. Pour enlever la barque que nous avions en vue, l'aide de quatre vigoureux kanaks nous était nécessaire. Notre jeune ami se chargea de ce détail et, à minuit, nous nous dirigeâmes vers le rivage où nous devions trouver notre premier instrument de fuite.

Ballière, revêtu d'une immense houppelande, avait dissimulé son visage sous un énorme chapeau.

J'étais coiffé d'une casquette de loutre et vêtu de manière à être méconnaissable.

Haletants, silencieux, arrêtés à chaque pas par une alerte, nous cachant derrière les pièces de bois qui encombraient le port, suivis de nos quatre kanaks qui croyaient tout simplement nous aider à satisfaire notre passion pour la navigation nocturne, nous pûmes enfin atteindre la barque à laquelle nous avions accordé nos préférences. Une cruelle déception nous attendait.

Nous étions à marée basse ; la mer qui, à marée haute pouvait mettre l'embarcation à flot, s'était retirée à cinquante mètres de là. Bah ! avec un effort sérieux nous l'y conduirons. Et tous les sept nous nous ruâmes sur la barque ; les *tayos* (amis), solidement entraînés par une forte ration de tafia, trouvaient l'expédition de plus en plus charmante et y allaient de tout cœur.

Après une demi-heure d'efforts, nous avions fait parcourir à peu près un mètre à la maudite embarcation qui s'ensablait davantage à chaque poussée. Les chiens hurlaient autour de nous et nous signalaient à la vigilance de nos gardiens. Le jour allait bientôt arriver, il nous fallait donc abandonner l'entreprise.

La difficulté était, maintenant, de regagner nos

habitations sans être rencontrés par les rondes.
J'avais environ deux kilomètres à faire et ne savais
trop comment j'allais m'en tirer. La providence des
communards aidant, je pus *rallier* ma case et me
remettre des fatigues et des émotions de notre infruc-
tueuse tentative.

Le navire ajourna son départ et le lendemain,
secondés par quelques camarades, nous tentâmes de
nouveau l'aventure ; mais ce soir là, la mer était si
violemment agitée qu'il fallut encore abandonner le
projet d'atteindre notre sauveur.

Deux jours après, le navire quittait le port empor-
tant une partie de nos espérances.

Mais ce n'était que partie remise, et nous réso-
lûmes de tout essayer, et ce, dans un bref délai, pour
nous arracher aux délices de cette Capoue si judi-
cieusement désignée, par le comte Othenin d'Haus-
sonville, sous la dénomination flatteuse du deuxième
Empire français dans le Pacifique.

* * *

Peu de jours après cette aventure, je reçus de la
presqu'île Ducos une lettre qui m'était adressée par
quelques camarades : Ceux-ci, pour se soustraire à
l'énervante oisiveté à laquelle ils étaient condamnés
depuis si longtemps, désiraient se livrer à une exploi-

tation qui pouvait rendre de véritables services et leur procurer d'assez beaux résultats. L'un d'eux avait découvert, sur le territoire de la presqu'île, une terre très propre à la fabrication des briques; la ville de Nouméa en était fréquemment privée et celles qui, parfois, lui arrivaient atteignaient un prix extravagant, bien qu'elles fussent de fort mauvaise qualité.

Dans ces conditions, mes amis me demandaient si, à Nouméa, il ne serait pas possible de se procurer le très modeste crédit nécessaire à leur entreprise. Il suffisait de quelques outils indispensables et de quelque argent pour améliorer leur ordinaire ; la nourriture par trop sommaire qui leur était distribuée les ayant épuisés à ce point, qu'ils n'avaient plus assez de vigueur pour mener à bien une installation des plus pénibles dans les conditions où ils se trouvaient placés.

En effet, la ration quotidienne et invariable du déporté se compose de 250 grammes de viande avariée ou de lard rance, 750 grammes de pain ou l'équivalent en biscuit, 100 grammes de haricots secs et 16 grammes de café. L'administration, qui distribue ces vivres crus, n'alloue au déporté ni combustible, ni substance grasse ; aussi la préparation des vivres est-elle un problème journalier, que le déporté ne résout pas toujours à la satisfaction de son estomac.

Cependant, le ministre de la marine affirmait du haut de la tribune française, lors de la discussion sur les propositions d'amnistie, que les déportés ont la nourriture des marins et des soldats.

Ce véridique ministre oubliait de dire que le déporté ne reçoit ni la ration de vin, ni légumes frais, ni le boujaron d'eau-de-vie distribués aux troupes dans les colonies ; rations indispensables pour prévenir ou combattre la dyssenterie qui a atteint presque tous les déportés et qui en a déjà enlevé un si grand nombre.

Pour tout habillement, le déporté reçoit annuellement, deux blouses et deux pantalons de toile, deux chemises et quelquefois, rarement, une paire de ces fameux souliers à semelle de carton que la guerre de 1870-71 a rendus célèbres.

Quant au logement, devons-nous en parler ? Quelques misérables huttes en planches dans lesquelles la chaleur est intolérable en été, l'humidité constante en hiver, saison de pluies torrentielles qui durent sans interruption des semaines entières.

C'est dans ces tanières de 2^m,50 de largeur sur 5 mètres de longueur que doivent rester blottis, dans la mauvaise saison, dix malheureux captifs sans travail, sans livres ; la plupart manquant de quelques grammes de tabac pour tromper les ennuis de cette effroyable existence.

*
* *

La lettre qui m'arrivait de la presqu'île Ducos, me détermina à faire, auprès du directeur de la

déportation, une démarche afin d'obtenir l'autorisation de visiter des camarades moins heureusement
favorisés que moi.

Peut-être serais-je utile à quelques-uns d'entre
eux en créant à Nouméa les débouchés qui leur
manquent, et en trouvant auprès de colons libres,
qui n'avaient cessé de nous témoigner une active
sympathie, l'aide que l'administration refuse absolument au déporté pour améliorer, par le travail,
sa déplorable situation.

Je dois dire que ma demande fut accueillie avec
bienveillance et que je reçus immédiatement l'autorisation demandée.

Il ne manquait plus que les moyens de transport
qui restaient à ma charge. La permission accordée
était formelle à cet égard. Elle était libellée de la
manière suivante : « Le déporté simple Jourde est
autorisé à se rendre à la presqu'île Ducos par ses
propres moyens. Il devra à son arrivée remettre la
présente autorisation à M. le commandant territorial. — Nouméa, le 25 février 1874. »

La difficulté fut facilement vaincue, grâce à
l'obligeance d'un camarade de déportation, Bastien
Granthille, qui devait être plus tard d'un si grand
secours à l'évasion.

Granthille était chargé de transporter tous les
jours, à la cantine de la déportation, des approvisionnements de toutes sortes : légumes, vins, liqueurs,
tabac, etc. La plus grande partie de ces marchan-
dises était destinée au camp militaire établi pour la

garde des prisonniers. Pour accomplir son voyage quotidien entre Nouméa et la presqu'île, Granthille avait une barque légère pouvant à peine contenir six personnes; son équipage se composait de deux indigènes chargés de vaincre, à l'aviron, le courant et la brise, les jours où la direction du vent ne permettait pas l'emploi de la voile latine, grande comme un mouchoir de poche, qui composait seule tout l'équipement de la fragile embarcation.

Le 26 février, l'ami Bastien me reçut à son bord et nous nous dirigeâmes de toute la vitesse de nos rameurs vers la presqu'île Ducos.

A notre gauche nous apercevons distinctement les établissements de l'île Nou, sur lesquels trois cents condamnés de la Commune subissent les plus épouvantables tortures.

J'avais là de nombreux amis. Humbert, condamné aux travaux forcés à perpétuité, pour avoir participé à la rédaction d'un journal, sans qu'on pût mettre à sa charge un seul des articles incriminés.

Trinquet, mon collègue de la commune, l'énergique accusé du troisième conseil de guerre.

Maroteau, mourant à l'hôpital du bagne. C'est à la mère de Maroteau sollicitant un adoucissement dans l'application de la peine que Victor Lefranc, alors ministre de l'intérieur, répondit : Madame, je ne connais qu'un bagne !

Roques de Fillol, le maire de Puteaux, jeté nu et bâillonné au fond d'un cachot. Employé chez le colonel Charrière, directeur de la Transportation, il a pris des notes redoutables et a failli dévoiler les mystères du bagne, mystères aussi odieux que ceux de l'inquisition. Les terribles secrets que Roques possède doivent mourir avec lui !

Berezowski, toujours enchaîné, devenu fou par suite des mauvais traitements qui lui ont été infligés.

Henri Brissac, accouplé au plus redoutable des forçats, traînant la double chaîne, frappé sans cesse par son immonde compagnon, contre lequel il doit se défendre nuit et jour.

Mais ce n'est pas assez, Brissac ne faiblit pas : il est mourant et cependant son énergie semble grandir encore. C'est la vivante image de ce que peut la volonté humaine résistant mieux aux tortures qu'aux jouissances qui font trébucher l'humanité depuis tant de siècles.

Il faut, si c'est possible, augmenter encore les souffrances du supplicié. Un Torquemada a découvert que Brissac a été, sous l'empire, l'un des champions les plus résolus de l'abolition de la peine de mort. C'est bien. Henri Brissac sera l'aide du bourreau. Une fois ou deux par semaine il dressera cette guillotine qu'il a voulu renverser. Il résistera, soyez-en sûr, mais il faudra bien céder. Aide du bourreau ou cinquante coups de fouet. C'est l'alternative.

Sait-on ce que c'est que ce supplice sans nom — la peine du fouet ?

Pour indiscipline, pour refus de travail, pour avoir déplu à un surveillant, pour paresse ou mauvaise volonté apparente dans la tâche à accomplir,

le forçat est condamné à recevoir cinquante coups
de fouet. La division à laquelle le condamné appartient est assemblée; elle forme le carré dans l'une
des cours du bagne. Derrière, sur deux rangs,
une compagnie d'infanterie de marine, chassepot
chargé. Au centre du carré, les surveillants militaires, le fusil en bandoulière, le revolver au poing.

Le patient est amené, on le boucle sur un banc
rougi par le sang des suppliciés, mordu par leur
agonie. Le bourreau, un forçat, sort des rangs.
Le fouet à quatre lanières siffle et s'abat sur la chair
nue du malheureux. Au trois ou quatrième coup,
un atroce cri de douleur, un rugissement se fait
entendre; les vaisseaux sanguins éclatent broyés,
la chair déchirée vole autour de l'exécuteur, le sang
irrité jaillit avec une violence inouie. Le médecin
s'approche; le patient a perdu connaissance. Au 20ᵉ
ou au 25ᵉ coup, selon sa constitution, le supplicié,
sanglant, meurtri, est envoyé à l'infirmerie.

Au bout de quelques semaines, les plaies se sont
cicatrisées. Mais la comptabilité immuable est là qui
veille, il reste encore, que sais-je? quinze, dix-huit,
vingt coups à recevoir. La balance doit être faite.
La cérémonie recommence, avec le même appareil.
Quelquefois le forçat meurt sous cette deuxième
épreuve, mais qu'importe. Le forçat n'a pas de nom,
c'est un numéro. Le cadavre est jeté à la mer!
La justice et la comptabilité sont satisfaites!

« Mon cher ami, me disait l'un des nôtres, ces
gens là ne nous condamneront jamais à mort, ils

sentent bien que pour nous la mort serait la délivrance. Mais ils ont le fouet, et ils savent que nous
ne voulons pas subir ce supplice. »

C'est pour cela que le doux et sympathique Henri
Brissac dresse, les jours d'exécution, la guillotine
à l'île Nou !

*
* *

Nous doublons la pointe Kungu, et nous apercevons à 4 kilomètres le camp de la déportation.

« La presqu'île Ducos, assignée par la loi de 1872
» aux déportés dans une enceinte fortifiée, est une
» bande de terre aride et sablonneuse qui ferme le
» côté nord de la rade de Nouméa. Le motif qui l'a
» fait choisir est, paraît-il, sa proximité du chef-
» lieu et les facilités que présente naturellement, au
» point de vue de la défense militaire, une petite
» péninsule reliée à la grande terre par un isthme
» très étroit. Sa superficie est d'environ mille hec-
» tares ; son aspect est triste et désolé. Elle est
» formée d'une série de petites collines, contrefort
» de la chaîne centrale de l'île ; la faible couche de
» terre végétale déposée sur les roches volcaniques
» qui en constituent la charpente, est couverte d'une
» herbe jaune, brûlée par le soleil.

» Entre ces collines, des ravins sont profondément
» creusés par les pluies, et s'élargissent vers la mer

» en marécages, où croissent quelques palétuviers.
» De loin en loin, un arbre au tronc blanchâtre, aux
» branches inclinées par le vent dans une direction
» uniforme, semble une sentinelle perdue dans le
» désert. C'est le *Niaouli,* sorte d'eucalyptus parti-
» culier au pays. Pas un seul cours d'eau. L'eau
» nécessaire au pénitencier est apportée, par mer,
» dans des futailles, ou recueillie à la saison des
» pluies dans des fosses, où elle ne tarde pas à deve-
» nir saumâtre.

　　» Du côté de la terre, le passage est défendu et
» intercepté par des fortifications et par un campe-
» ment de soldats d'infanterie de marine, lequel
» occupe la plus grande surface de l'isthme. Il est
» défendu à tout navire de s'approcher de plus de
» mille mètres de la terre. A la nuit, la sortie du
» port est interdite. De nombreuses rondes de sur-
» veillants armés de revolvers et de chassepots font
» des patrouilles continuelles dans l'enceinte forti-
» fiée et ont l'ordre de faire feu sur les promeneurs .
» nocturnes. Des sentinelles sont établies sur toutes
» les hauteurs qui commandent la place, et la garde
» des prisonniers est complétée par une surveillance
» de nuit et de jour, exercée, autour du port et de
» la péninsule, par des bateaux à vapeur. » (*Paschal-
Grousset.*)

*
* *

Après deux heures d'une fatigante navigation je débarquai dans le camp militaire et me rendis à la demeure du commandant territorial, afin d'obtenir le visa de mon permis. Cette formalité remplie, et par un temps épouvantable, je m'acheminai vers le camp de la déportation. Je suivis pendant quelque temps une chaussée mal entretenue, submergée à marée haute, d'une largeur de 3 mètres.

Je dus gravir une colline abrupte, dépourvue de chemin, en suivant un sentier à peine indiqué et détrempé par la pluie. Enfin, après une demi-heure de marche, j'arrivai à la case habitée par Paschal Grousset, Olivier Pain et Rochefort.

Cette habitation était construite en terre mêlée de paillé et couverte en chaume. L'entrée, grand espace carré, servait de salon, de salle à manger et de cuisine. Sur le sol raboteux, au fond de cette pièce, trois grosses pierres rectangulaires, placées de champ, indiquaient le confortable foyer sur lequel, dans une marmite de campement, cuisait le repas frugal des trois déportés.

Deux morceaux de bois, humides, fumaient sous la marmite. Le vent faisait rage, soufflant impétueusement à travers les nombreuses issues laissées dans

cette construction des plus primitives. Au centre de
la hutte, une table boiteuse, construite avec les débris
d'une caisse à biscuits; autour de la table, trois gros-
siers escabeaux composaient avec celle-ci et la gamelle
de campement le luxueux mobilier des anciens rédac-
teurs de *la Marseillaise*.

Je pénétrai dans une sorte de caveau sombre et
sans air. C'était la chambre à coucher. Une toile de
hamac tendue sur quatre piquets et un matelas de
2 centimètres d'épaisseur représentaient la literie.

Sur une grande caisse en bois, une centaine de
volumes d'histoire, des livres d'anglais et d'allemand, indiquaient les goûts studieux des maîtres du
logis.

Paschal Grousset, enveloppé d'une mince couver-
ture, lisait un volume de l'histoire moderne de Ger-
vinus.

Mon arrivée était pour lui plus qu'une surprise;
nous nous jetâmes dans les bras l'un de l'autre.
A ce moment, Rochefort et Olivier Pain firent leur
entrée. L'auteur de *la Lanterne* tenait à la main une
canne à pêche; son pantalon de grosse toile, retroussé
au-dessus du genou, laissait à nu sa jambe ner-
veuse; il était coiffé du chapeau de paille réglemen-
taire et avait aux pieds une paire de superbes godil-
lots grands comme un berceau d'enfant.

C'était toujours notre gai compagnon de Boyard.
Arrivé seulement depuis deux mois, cette vie étrange
de Peau-Rouge ne paraissait pas l'affecter; nageur
et pêcheur enragé, il se livrait avec Olivier Pain aux

parties de pêche et de natation les plus effrénées.
Entre-temps, il confectionnait un chapitre de roman,
ou, faisait l'ébauche d'un article plein de colère et
d'ironie contre *les Versaillais;* article dans lequel il
jetait toute cette verve endiablée, flèche légère à
la pointe empoisonnée qu'il a enfoncée si souvent
dans les flancs irrités de l'Empire.

Il se livrait surtout à une véritable débauche de
plans d'évasion infaillibles mais irréalisables; c'était
l'Archimède de l'évasion, le point d'appui lui manquait toujours.

*
* *

J'avais apporté de Nouméa de nombreuses provi-
sions, et tous quatre nous nous mîmes en devoir de
les apprêter. Sur deux tiges de fer rouillées, nous
pûmes faire griller quelques côtelettes. La grande
difficulté à vaincre était d'arriver à mettre le couvert.
Le service était des plus incomplets, il n'y avait que
deux assiettes, l'un des convives devait se contenter
d'un couvercle de gamelle, un autre d'une boîte à
sardines. Un couteau de cuisine et un *eustache* de
15 centimes, souvenir de prison, trois cuilleres et
trois fourchettes en fer formaient l'arsenal de notre
repas; trois *quarts* en fer blanc et un verre à pied
complétaient la vaisselle. La salade serait faite dans

une grande boîte qui avait contenu des viandes de conserve.

Nos préparatifs achevés, nous nous mîmes à table, et pendant une heure délicieuse nous oubliâmes la déportation et ses souffrances.

Au dehors il faisait un temps épouvantable; je n'avais pu apercevoir un seul de mes camarades de déportation, la pluie les tenait prisonniers dans leurs cases. Je devais donc abandonner pour cette fois le projet qui m'avait amené et il fut convenu, si le mauvais temps continuait, que je passerais la journée avec mes trois amis.

Les voisins les plus rapprochés furent prévenus de mon arrivée et invités à prendre le café, à la condition expresse d'apporter un récipient et un siége.

L'eau bouillante fut versée sur le café contenu dans une cravate de matelot; cravate en laine tricotée et ressemblant assez à un bonnet de coton, mais plus étroite et de couleur noire.

Plusieurs de nos amis arrivèrent. Arnold, mon collègue au comité central et à la commune. Je ne le reconnus pas tout d'abord; à peine âgé de trente ans, ses cheveux et sa barbe étaient presque blancs.

Bauër, un de nos plus jeunes camarades, jeté à vingt ans dans ce tombeau.

Jules Renard, l'ancien secrétaire et ami de Rossel, qui voulut partager le sort de celui-ci et se livra volontairement aux vengeances des conseils de guerre.

Gentellet, un camarade de casemate au fort Boyard.

La journée fut remplie d'une franche et cordiale gaîté; j'étais heureux que ma présence fût un adoucissement aux misères et aux privations de l'enceinte fortifiée.

Au milieu de ces joies de l'amitié les heures s'écoulent rapides, et je m'aperçus bientôt qu'il me restait à peine le temps nécessaire pour regagner le rivage et quitter le pénitencier. Ma permission m'obligeait à sortir de la presqu'île avant quatre heures de l'après-dînée.

Je donnai une cordiale poignée de mains à mes malheureux amis et, accompagné de Paschal Grousset, je me dirigeai à la hâte vers le lieu d'embarquement.

Grousset, soucieux, m'adressait de rares paroles. J'attribuai ce silence pénible aux tristesses de la séparation. Une autre préoccupation s'était emparée de son esprit. Enfin, il s'en ouvrit franchement. Il me fit d'une voix émue le recit de ses tortures morales et physiques : « Au moins, toi, me dit-il, te voilà à Nouméa, et si tu le voulais je suis persuadé que les occasions de t'évader ne te manqueraient pas. Mais pour nous — isolés comme nous le sommes — que faire? Nous en sommes à notre troisième tentative; l'insuccès le plus complet a toujours récompensé nos efforts. Je suis convaincu que la délivrance ne peut nous venir que de Nouméa. Comment s'y prendre? Les relations nous sont, avec cette ville, à peu près interdites. Crois-tu, comme moi, qu'il y aurait quelque chose à tenter de ce côté? »

Pendant que Grousset me parlait, mes regards fouillaient la rade. En face de moi un petit îlot se détachait du camp des surveillants à deux cents mètres de leurs cases; cette pointe ne paraissait pas surveillée. De Nouméa on devait facilement l'apercevoir.

Brusquement je demandai à Grousset s'il leur était interdit d'aller se baigner de ce côté.

« Pourquoi cela? me dit-il. Ne vois-tu pas que cette pointe est à quelques mètres du camp militaire? Nous pouvons nous baigner dans cette petite baie, dont elle forme l'un des côtés; nous n'avons pas le droit d'y prendre pied mais nous pouvons nous en approcher d'assez près. Mais que veux-tu dire?

» Je pensais que par une nuit obscure vous pourriez suivre les bords de la mer, aborder facilement et sans être vus la pointe extrême de l'îlot, et attendre là une barque partie de Nouméa pour vous y chercher. Supposons cette barque trouvée, supposons-là montée par trois déportés simples résolus, qui se seraient assuré le concours d'un bateau étranger sur le point de quitter la rade.

» Il faudrait, avec de grandes précautions, éviter la surveillance du port, franchir, en évitant les rondes et les récifs, la distance de six kilomètres qui nous sépare de Nouméa. Tout cela est faisable. Sans bruit nous vous détachons de votre rocher et nous gagnons, à force de rames, le navire qui nous attend. A quatre heures du matin, l'appareillage. A midi au plus tard nous pouvons être hors des récifs. C'est seulement le soir ou le lendemain matin que notre disparition peut être constatée. N'avons-nous pas une avance suffisante pour défier toute poursuite ?

» L'économie du projet me paraît bien simple : faire quelque chose d'invraisemblable. Trouver trois déportés résidant à Nouméa, qui n'hésitent pas à jouer leur peau pour aider quelques camarades à conquérir la liberté, et qui résolûment viennent, entreprise insensée, les enlever en plein camp militaire. C'est certainement de ce côté que la surveillance sommeille.

» Je ne dissimule pas que le projet qui vient de germer dans mon esprit soit construit à la diable, mais je le crois réalisable et de plus j'ajoute : Les trois déportés sont trouvés. Je serai de ceux-là si mon plan te paraît acceptable. Ce qu'il faudra surtout, c'est une grande prudence et une grande discrétion. Vous habitez tous trois une case un peu isolée, tes compagnons d'évasion seraient donc Rochefort et Pain. J'espère obtenir une nouvelle autorisation dans une quinzaine de jours. A cette époque je reviendrai avec des détails plus précis. »

Paschal Grousset, me serrant énergiquement les mains, me remercia en quelques paroles brèves et émues. « Merci, ami, fais pour le mieux, nous sommes à ton entière disposition ; nous tenterions l'impossible pour sortir de cette galère. Je compte sur toi. Reviens bientôt, il y a longtemps que je n'ai été si heureux. »

Je rentrai à Nouméa, vivement préoccupé, comme

bien on le pense; j'avais étudié la rade avec une grande attention et ne me dissimulais pas que l'entreprise n'était pas précisément d'un succès infaillible.

*
* *

A quelques jours de là, je faisais part de mes desseins à Ballière, qui accepta avec enthousiasme de concourir à l'œuvre de délivrance. Je savais pouvoir compter entièrement sur le dévoûment de Bastien, et je résolus de ne le prévenir que le jour où il faudrait mettre notre complot à exécution.

Une semaine s'était déjà écoulée sans qu'une occasion favorable se fût présentée; lorsqu'un matin je reçus la visite de Vallerstein, le jeune employé badois, notre complice dans la précédente tentative.

La proposition qu'il venait me faire allait au devant de tous mes désirs. Il m'apprit que le *P. C. E.* navire australien frêté pour le compte du gouvernement colonial, et chargé du transport de charbon entre Newcastle et Nouméa, était arrivé la veille. Vallerstein avait passé la soirée avec le capitaine du navire. Sur la demande de notre ami, le brave marin lui avait déclaré qu'il repartirait dans une quinzaine de jours et qu'il prendrait volontiers à son bord un ou deux déportés. Pour ce service il se contenterait d'exiger le prix du passage. Soit: deux cent cinquante francs pour chaque fugitif. Vallerstein venait donc me proposer de profiter de l'offre du capitaine.

Je le mis immédiatement au courant de nos intentions, et lui appris que Ballière et moi avions formé le projet de sauver trois de nos camarades de la presqu'île Ducos. L'évasion serait donc, en y comprenant Bastien Grantille, composée de six personnes, trois déportés simples et trois déportés dans une enceinte fortifiée. En présence des risques graves que cette opération faisait courir au capitaine, je m'engageais à verser à celui-ci une somme de dix mille francs, payable de la manière suivante :

Quinze cents francs en or le jour du départ et le reste quelques jours après notre arrivée à Sydney. Sans dire encore quels déportés je comptais enlever, je croyais pouvoir m'engager pour cette somme, connaissant les ressources de mes camarades. D'ailleurs, Ballière et moi étions disposés et en mesure de doubler les frais de notre évasion. Celle qui nous était proposée nous aurait coûté cinq cents francs, mais nous étions prêts à tous les sacrifices pour la délivrance de nos amis.

Quelques heures après cet entretien, j'eus le plaisir de saluer à la boucherie générale le capitaine du *P. C. E.*; il avait la franche et loyale physionomie d'un vieux loup de mer : petit, trapu, le teint bronzé par les rudes caresses de la brise, son œil bleu, énergique et doux le rendait sympathique à première vue. Un signe maçonnique rapidement échangé nous fit reconnaître. Pour n'éveiller aucun soupçon, nous n'échangeâmes pas une parole. Il se contenta de faire la provision de viande fraîche pour son équipage et se retira sans paraître m'avoir aperçu.

Afin de ne rien compromettre, il fut convenu que Ballière, dont la présence sur le quai était expliquée par ses fonctions de comptable d'un marchand de bois, ce qui nécessitait son contrôle aux déchargements, servirait d'intermédiaire et, aidé de Vallerstein, répondrait aux objections que le capitaine formulerait.

Après trois jours de pourparlers, nos conditions étaient acceptées. Nous avions la parole du capitaine. Les difficultés de l'entreprise nous incombaient. Le *P. C. E.* était à notre disposition, rien de plus. Nous donnions notre parole que nos compagnons n'étaient pas des forçats. Nous avions, d'ailleurs, répondu aux craintes exprimées à ce sujet en affirmant que nous portions tous notre barbe — ce qui était une garantie suffisante, les condamnés aux travaux forcés étant complétement rasés.

Il restait convenu que le capitaine ferait à la direction du port les déclarations d'usage et réclamerait le pilote pour le jour fixé.

Quant à nous, la nuit du départ, nous devions, sans être vus, nous introduire à bord. Une cachette nous serait préparée dans la soute au charbon et nous devions y séjourner jusqu'à l'heure où la passe serait franchie.

L'affaire en bonne voie de ce côté, il me restait à

prévenir nos amis de la presqu'île et à prendre avec
eux les dernières dispositions.

Je me rendis chez le directeur de la déportation
et j'obtins, sans trop de difficulté, l'autorisation
de me rendre à la presqu'île Ducos, toujours sous
le prétexte d'y créer des relations industrielles avec
Nouméa.

*
* *

Le jeudi 12 mars, je faillis ne pas pouvoir partir.
Un cyclone était annoncé et la rade allait être interdite. Coûte que coûte je voulais ce jour-là profiter
de mon autorisation, et malgré toutes les craintes
exprimées je me jetai résolument avec Bastien Grantille et deux Kanaks dans notre frêle embarcation.
Nous fûmes sur le point d'être noyés vingt fois.
Le vent augmentait de violence de minute en minute.
La mer grossissait de plus en plus et notre barque,
soulevée par des vagues énormes, menaçait de som-
brer à chaque instant.

Malgré nos encouragements, nos rameurs exténués
voulaient nous laisser aller aux caprices de la vague.
C'était courir à une mort certaine.

Nous aurions été infailliblement broyés sur les
récifs qui rendent la rade si dangereuse.

Arrivés à vingt mètres de la jetée, la tempête éclata
avec fureur. De gros nuages noirs s'amoncelaient sur

nos têtes, et ce fut après les efforts les plus inouïs que nous pûmes atteindre le quai de débarquement.

Ma permission visée, je me rendis par une pluie battante, secoué par d'effroyables rafales, à la case de Paschal Grousset. Ses trois habitants se précipitèrent à ma rencontre. J'étais ruisselant, exténué de fatigue, couvert de boue, et durant quelques minutes je ne pus dire une parole.

Je donnai rapidement les explications indispensables, et fis part à mes amis de l'embarras d'argent dans lequel je me trouvais. Ballière et moi avions bien les fonds nécessaires aux trois déportés simples, mais une somme de mille francs manquait encore pour mener à bien l'évasion plus compliquée de Grousset, Pain et Rochefort. Ce dernier avait pu assez souvent faire escompter des traites à Nouméa; il me remit donc un effet de douze cents francs et il fut entendu, qu'avec le secours d'un négociant qui avait déjà rendu un service semblable, je ferais les fonds de la traite souscrite, me réservant la grosse difficulté de transformer en or les billets coloniaux, sans valeur hors de la colonie. Les dernières dispositions furent prises.

Je ne pouvais encore fixer l'heure et le jour de l'embarquement; nous arrêtâmes qu'aussitôt que j'en serais informé je remettrais à Grantille, qui faisait tous les jours le voyage de Nouméa à la presqu'île, une lettre d'avis adressée à Grousset et ainsi conçue :

« Mon cher Grousset, je t'enverrai ce soir (*si l'af-*

faire avait lieu le soir même) les 8, 9 ou 10 volumes (*le nombre des volumes désignant l'heure*) que tu m'as demandés la semaine dernière. »

La pointe de l'île Knauri, que j'avais désignée dans ma précédente visite, fut acceptée comme lieu du rendez-vous. A la nuit il était facile de s'y rendre, il suffisait de suivre le chemin, d'une longueur de 200 mètres environ, qui longe ce côté de la presqu'île. En marchant dans l'eau jusqu'au cou, on éviterait de rencontrer les rondes de surveillants. A une cinquantaine de mètres du point choisi, on pouvait se mettre à la nage afin de ne craindre aucun accident. Pour l'un des futigitifs, nageur médiocre, il lui était possible de suivre le rivage en observant dans sa marche toute la prudence nécessaire.

Les fugitifs devaient faire ce petit voyage complétement nus, afin d'expliquer, en cas de surprise, leur présence sur ce point par leur goût immodéré pour la natation.

C'était dans ce cas une légère punition à encourir. Nous aurions dans la barque les vêtements indispensables.

*
* *

De retour à Nouméa, je communiquai à Grantille nos intentions.

Tous les soirs il avait la coutume de rapporter

chez son patron les deux avirons qui servaient à
faire sa petite traversée. Le soir désigné pour l'évasion il les oublierait à bord. Nous étions à peu près
assurés qu'aucune remarque ne lui serait faite à ce
sujet. Grantille était donc la cheville ouvrière de
l'opération projetée.

Notre dévoué camarade se mit, comme j'en étais
à l'avance convaincu, à notre entière disposition et
me rassura complétement quant à la question des
avirons; la confiance qui lui était accordée lui permettait d'affirmer que de ce côté nous n'avions rien
à redouter.

Deux ou trois jours après cette entrevue, Grantille
me donna une nouvelle preuve de son généreux
dévouement. Il vint me voir un matin; les difficultés
grandissaient à l'approche du moment décisif. Notre
ami Vallerstein avait résolu, pour diverses raisons,
de nous accompagner. C'était une septième personne compliquant encore notre entreprise.

Préoccupé, ennuyé des obstacles que je rencon-
trais à chaque pas et dont le récit serait trop long à
faire, j'étais, je l'avoue, un peu découragé. Grantille,
qui avait pour moi toute la sollicitude d'un ami,
s'en aperçut et voulut connaître les causes de ma
préoccupation.

Avec une brusquerie toute sincère et toute ami-
cale je lui expliquai que l'évasion devenait de plus
en plus difficile; proposée au point de départ à deux
personnes elle avait atteint le chiffre de sept personnes; je ne lui dissimulais pas que cette augmen-

tation me rendait de plus en plus incertain du succès de notre tentative.

Grantille, dont le sort était des plus misérables à Nouméa, me fit une réponse d'une admirable générosité : « Mais, me dit-il, de quoi vous chagrinez-vous ? Mon concours vous est absolument acquis sans condition. Comptez sur tous mes efforts pour l'enlèvement de nos amis et, si mon départ peut compromettre en quoi que ce soit la réussite de votre projet, il me sera facile, après vous avoir conduits à bord, de rentrer à Nouméa et d'y attendre une autre occasion. »

Je fus vivement ému d'un pareil désintéressement, témoigné avec une si grande simplicité.

Grantille consentait à favoriser notre fuite sans partager les bonheurs de la délivrance. Il se résignait à reprendre sa tâche si pénible, à affronter tous les risques d'une enquête qui pouvait découvrir sa complicité et la lui faire cruellement expier.

Dois-je dire que je rejetai absolument la proposition qu'il venait de me faire, et que je lui déclarai que nous ne consentirions jamais à le laisser entre les mains de nos geôliers ? Je dus insister pour qu'il consentît à partager avec nous les joies de la liberté reconquise.

Je suis heureux de pouvoir aujourd'hui rappeler un acte d'un si noble désintéressement.

L'heure du départ approchait. La traite Rochefort avait été escomptée, à la Banque de Nouvelle-Calédonie, sans éveiller aucun soupçon, et j'avais pu

échanger les bons coloniaux contre une valeur équi-
valente en or.

Avec l'aide de Ballière et de mes ressources per-
sonnelles, nous possédions un capital de dix-huit
cents francs.

Toutes les difficultés préliminaires avaient été
écartées; nous n'attendions plus que l'avis du capitaine du *P. C. E.*

Le mercredi soir, 18 MARS, je fus avisé que le
navire appareillerait le surlendemain à 4 heures du
matin. Nous devions, par conséquent, nous rendre
à bord dans la nuit du 19 au 20. J'expédiai le jeudi
matin, par l'entremise de Grantille, le billet donnant
le jour et l'heure du rendez-vous à nos amis de la
presqu'île.

Grantille serait prêt à l'heure indiquée. Ballière
et moi ne changeâmes rien à nos habitudes. J'accomplis ma tâche quotidienne. Ballière continua à
montrer une grande ardeur à emballer les plans de
théâtre et de maison particulière, qu'il destinait à
l'Exposition qui devait s'ouvrir à Sydney, le 1er mai
suivant.

A sept heures nous prîmes notre repas du soir sur
le balcon du restaurant Catteville. En face de nous,
sous une large verandah, le directeur de la déportation et quelques officiers d'administration fumaient
tranquillement leurs cigares, bien éloignés de supposer que les deux déportés qu'ils voyaient et quatre
autres allaient le lendemain fuir la colonie et causer la
destitution ou la révocation de la plupart d'entre eux.

* *
* *

A huit heures, la nuit arriva avec sa rapidité fou-
droyante sous cette latitude. Nous nous dirigeâmes,
Ballière et moi, vers le quai où Grantille, blotti dans
la barque, nous attendait.

En descendant la rue de l'Alma, nous entrâmes au
café Arduser, et nous fîmes servir un *half and half*,
boisson composée d'un mélange de porter et d'ale.
C'était notre débauche des grands jours, les deux
bouteilles de bière coûtant 5 francs, dans cette ville
du bon marché. Après avoir absorbé un verre de
bière, nous priâmes le garçon de nous réserver les
deux bouteilles entamées ; nous reviendrions sans
doute le soir même ou le lendemain, achever notre
ruineuse consommation.

J'avais toutes les allures d'un paisible déporté qui,
chaque soir, se dirige vers le rivage, pour y respirer
l'air frais et vivifiant de la mer, sa journée accomplie.

Pour garantie de mes intentions pacifiques, j'étais
porteur d'un superbe parapluie que j'avais acheté
quelque temps auparavant et qui servit, pendant la
traversée que nous allions faire, de texte aux plaisanteries des évadés.

Le cher parapluie fut appelé le « pepin de l'évasion; » il faisait partie de la petite famille, et je me souviens que tous, nous tenions à honneur de ne pas l'égarer. A Londres encore, après un voyage de six mille lieues, je le montrais avec orgueil à mes camarades d'exil. C'était notre talisman.

Arrivés au rivage, et après nous être assurés que nous ne pouvions être aperçus d'aucun surveillant, nous nous jetâmes dans la barque et, doucement bien doucement nous prîmes le large. Ballière et Bastien ramaient avec lenteur pour ne pas éveiller l'attention. Mes camarades m'avaient promu au grade de capitaine, et je m'efforçais de barrer de manière à couper convenablement la lame et à éviter les stationnaires et les récifs.

La rade était profondément calme à cette heure du repos complet; la surveillance, s'abandonnant tout entière au doux far-niente de la digestion, nous laissait toute latitude.

Je n'étais pas sans une grande anxiété, quant au succès de l'expédition. Le ciel était sans étoiles, et de gros nuages noirs courant dans l'espace obscur nous menaçaient d'un orage prochain. Je n'apercevais sur ma droite que des masses confuses qui se détachaient nombreuses de la presqu'île Ducos.

Comment reconnaître l'îlot Knauri, entre toutes ces pointes qui découpent la rade?

Je comptais cependant, comme point de repère, sur la lumière des établissements de l'île Nou situés à peu près à la hauteur du camp militaire de la déportation.

Du côté de la presqu'île nous espérions que la maison du commandant territorial, mieux éclairée que les huttes environnantes, nous serait d'une grande utilité pour nous reconnaître. Enfin Bastien, qui faisait ce voyage dans le jour depuis trois mois, espérait, malgré l'obscurité profonde où nous étions, trouver sûrement le lieu du rendez-vous.

Après une heure et demie d'une navigation pénible, une faible lueur, venant d'une baie plus profonde que celles que nous avions aperçues jusqu'alors, nous fit supposer que nous étions arrivés à destination.

Du large, où nous avions toujours eu le soin de nous tenir, je mis le cap sur une pointe élevée qui s'avançait vers nous.

Mes deux compagnons donnèrent quelques vigoureux coups d'aviron et je laissai porter sur la terre. Cinq minutes après, notre embarcation heurta les roches à trois ou quatre mètres du rivage.

Aussitôt nous entendîmes le bruit sourd produit par la chute de trois corps tombant à l'eau.

A babord et à tribord nous avions de petites masses noires qui essayaient de pénétrer dans notre bateau. Nous les y aidâmes de tout cœur. En dix secondes, Olivier Pain, Paschal Grousset, Rochefort étaient à bord. — Tout cela s'était fait sans bruit, sans qu'une parole fut prononcée; l'émotion qui nous étreignait était profonde. Nous échangeâmes rapidement une énergique poignée de main.

Des rumeurs légères nous avertissaient que nous

n'étions qu'à quelques mètres du camp des surveillants et du commandant territorial.

Il fallait sans perdre une minute prendre le large. Nos amis grelottaient, ils nous attendaient depuis plus d'une heure accrochés aux rochers. Leur voyage de la case à l'îlot s'était accompli sans trop de difficulté; deux ou trois fois seulement ils avaient dû se mettre à l'eau pour éviter les rondes de surveillants.

La soirée était froide. Les trois fugitifs étaient complètement nus, et, depuis leur arrivée au rendez-vous ils n'avaient pas fait un mouvement. Dès que nous fûmes à une distance suffisante ils purent mettre quelques vêtements légers, déposés pour eux au fond de l'embarcation.

Deux des nouveaux passagers remplacèrent un instant Ballière et Bastien exténués de fatigue, et nous reprîmes le chemin du port de Nouméa, dont on distinguait à peine les lumières tremblotantes.

A moitié chemin, nous nous crûmes perdus. Sur le rivage de l'île Nou des lanternes se mouvaient avec une extrême rapidité.

A quatre cents mètres, autant qu'on pouvait en juger, nous aperçûmes ou plutôt nous devinâmes un bateau de l'administration, il paraissait se rapprocher avec une extrême vitesse.

Nous avions suspendu notre marche. Au falot qui éclairait ce bateau, au bruit régulier des avirons, nous reconnûmes une ronde de surveillants du bagne conduite par une forte équipe de rameurs.

Que faire ? Après une courte délibération, Ballière se rangea à mon avis. Je mis résolûment barre sur l'embarcation si compromettante pour notre évasion. Ce que nous avions prévu arriva : le bateau sur lequel nous nous dirigions s'empressa de prendre une autre direction.

En effet, les surveillants militaires font leurs rondes de la manière la plus agréable. Quelquefois ils ont des femmes à bord, mais toujours ils profitent de cette promenade de nuit pour se livrer à leur vice favori, l'ivrognerie. A bord, ils ont toujours le soin d'emporter une forte provision d'absinthe, de cognac, de rhum et autres spiritueux. Aussi la ronde terminée est-ce dans le plus déplorable état qu'ils regagnent, sans être vus, leurs habitations. En apercevant une barque ressemblant assez par sa légèreté à une baleinière de l'Etat, ils furent sans doute convaincus qu'un officier était à bord et qu'ils allaient être surpris dans une situation des moins avouables.

Quoi qu'il en soit, nous eûmes la satisfaction de voir s'éloigner ces dangereux promeneurs de toute la vitesse de leurs rameurs, et, après avoir continué notre apparente poursuite une centaine de mètres encore, nous reprîmes notre route vers le *P. C. E.*

A ce moment nous fûmes surpris par une pluie diluvienne, les éclairs illuminaient les sommets des montagnes derrière Nouméa. Nous étions affreusement ballotés ; notre barque trop chargée pouvait, à la suite d'une fausse manœuvre, nous envoyer repaître les nombreux requins qui sont l'un des ornements de la rade de Nouméa. C'eût été un sujet de philanthropique gaîté pour l'amiral Saisset, qui avait prédit qu'en cas d'évasion : les fugitifs seraient mangés d'un côté par les naturels, de l'autre par les requins.

*
* *

Quand nous arrivâmes dans le port, onze heures sonnaient à Nouméa. L'obscurité était telle que nous ne voyions pas à vingt mètres devant nous. Nous apercevions les ombres confuses des navires à l'ancre, mais nous ne pouvions reconnaître la position du *P. C. E.*

Nous n'avions pas non plus la notion des distances et nous nous heurtâmes littéralement à un gros navire qui étendait, comme de grands bras, ses vergues au-dessus de nos têtes. Le pas régulier d'un factionnaire nous apprit que nous avions accosté un navire de l'Etat. Nous nous éloignâmes, sans bruit, du redoutable géant ; à peu de distance de là nous abordâmes un bâtiment de commerce « *l'Ellen-Morris.* » A cet endroit, Ballière, qui avait été chargé de reconnaître l'emplacement du *P. C. E.*, se rendit compte du point où nous nous trouvions. Il nous indiqua un troisième navire un peu sur notre gauche.

Pour plus de sûreté il se plaça debout, sur l'avant de notre embarcation, et, grâce à sa haute taille, il put distinguer, peintes en blanc, enguirlandées de fleurs, les trois lettres *P. C. E.,* initiales des trois mots anglais *Peace, Ease, Comfort.*

Sur l'un des côtés du bâtiment pendait une échelle de corde. Ballière monta à bord, où tout d'abord il ne trouva personne. Enfin, après une recherche minutieuse, il finit par découvrir le steward (ou maître-coq) qui dormait d'un profond sommeil. Ballière lui expliqua que nous étions là six amis du capitaine qui venions passer la nuit du départ avec celui-ci. Le capitaine, fut-il répondu, allait bientôt rentrer.

Ballière nous invita à grimper à bord, ce que nous nous empressâmes de faire, après avoir amarré notre barque.

Nous fûmes introduits dans la cabine du capitaine; depuis quatre ou cinq jours celui-ci était prévenu que parmi les fugitifs se trouverait Henri Rochefort.

Sur la table, une publication populaire illustrée le « *Bow-Bells* » était ouverte à la page où la gravure représentait le portrait de l'auteur de *la Lanterne.*

Pendant que nous feuilletions le journal, le capitaine arriva suivi de son second et de notre complice Vallerstein. Les présentations furent promptement faites. Le brave marin nous accueillit avec une franche et ronde cordialité, qui nous mit immédiatement à notre aise.

Personne d'entre nous, à cette époque, ne savait assez d'anglais pour soutenir une conversation suivie, le capitaine ne savait pas un mot de français; ce fut donc avec l'aide de Vallerstein, qui savait également l'anglais, l'allemand et le français, que nous pûmes adresser nos remercîments à notre sauveur.

Il fut convenu que, seuls, le second et le steward connaîtraient notre présence à bord.

En attendant le retour de l'équipage, composé de 8 hommes dont un 3e officier, nous nous tiendrions à l'arrière du navire; pendant ce temps, le second coulerait l'embarcation, qui aurait pu nous compromettre, et le steward préparerait, dans une des soutes à charbon, une cachette que nous ne devions quitter qu'après le départ du pilote chargé de conduire le navire hors des récifs.

Je redescendis auprès du capitaine et lui remis, comme je m'y étais engagé, une somme de quinze cents francs en or, en réitérant notre promesse du versement de 8,500 francs à notre arrivée à Sydney, bien entendu après les délais indispensables pour nous les procurer.

A deux heures du matin, nous fûmes enfermés dans notre bienheureuse prison.

Nous étions dans un véritable trou à l'arrière du navire et avions, pour nous reposer, quelques paquets de cordages et des toiles à voiles hors de service.

Deux heures plus tard nous sortîmes un peu de notre nuit profonde; quelques filets de lumière qui pénétraient dans la soute entre les interstices des boiseries mal jointes annonçaient le lever du soleil.

Au-dessus de nous, nous entendions le bruit bien connu des manœuvres d'appareillage. La marche lourde des matelots virant au cabestan pour la levée de l'ancre. Des bruits sourds et rapides ébranlaient les planches du pont. Les commandements du capitaine nous arrivaient confus. C'était bien le branle-bas du départ. Le pilote devait être à bord.

En proie à une poignante émotion, nous étions tout entiers à la perception des bruits extérieurs. Le navire ne bougeait plus. Pendant deux mortelles heures nous n'entendîmes plus rien et ne savions comment expliquer ce silence.

Un imperceptible roulis nous berçait à peine.

Cependant, nous disions-nous, l'ancre est amarrée à bord. Qu'attendons-nous pour partir ? Quel accident retarde notre fuite ?

L'inquiétude nous envahissait, muette, profonde ; nous n'échangions pas une parole, dévorant l'anxiété cruelle qui nous étreignait.

Vers neuf heures du matin, autant que nous pouvions en juger, un panneau s'ouvrit près de nous. Une main nous passait un petit carré de papier et une bouteille de vin.

Nous pûmes lire cette phrase : « Pas de vent, le pilote déclare la sortie impossible, il propose de remettre le départ ! »

Notre complice Vallerstein avait pensé à nous.

Une heure plus tard, nouveau billet : « Le capitaine insiste pour sortir ; il faut chercher à sortir par l'autre passe. »

Nous apprîmes plus tard que depuis six heures du matin le navire, toutes voiles dehors, essayait de franchir la passe de Boulari située à 10 kilomètres de Nouméa au sud ; après deux heures de navigation, nous avions pu faire deux kilomètres. Le vent était complétement tombé. La mer, sans une ride, laissait glisser le navire avec une telle douceur que nous ne pouvions nous rendre compte de notre marche.

Le capitaine, contre l'avis du pilote, déclara qu'il voulait franchir les récifs ce jour-là. La brise fraîchirait certainement vers midi. En pleine mer le vent orienté favorablement lui assurait une prompte traversée.

Le pilote consentit à faire une tentative de sortie par la passe de la Dumbea, située à l'ouest de l'île, et à la même distance de Nouméa que la passe Boulari.

Pour atteindre la passe de la Dumbéa, il fallait revenir sur ses pas, traverser la rade dans toute sa longueur, passer à quelques mètres de Nouméa, laisser à gauche et à droite, à une faible distance, les deux sinistres pénitenciers : l'île Nou et son bagne, la presqu'île Ducos et ses mille déportés.

A onze heures, troisième billet : « Nous longeons en ce moment la presqu'île Ducos. La brise fraîchit. »

Notre angoisse était terrible. Peut-être s'était-on aperçu de notre absence ! Deux heures, au moins, étaient encore nécessaires pour atteindre la haute mer. En cas de poursuite, nous serions infailliblement repris. Un signal du sémaphore et le pilote arrêtait notre marche.

Si cela arrivait, c'était notre exécution sommaire à bord, sous prétexte de résistance, ou, tout au moins, quelques années d'un cruel emprisonnement. Nous apprîmes plus tard que notre première hypothèse se serait réalisée si nous avions été repris.

Enfin, vers une heure, un dernier billet nous est jeté : « Passé les récifs, vous êtes sauvés ! »

Une heure plus tard, le panneau fut soulevé. Vallerstein s'introduisit auprès de nous ; il avait une recommandation à nous faire de la part du capitaine. Celui-ci devait paraître ignorer notre présence à bord.

Tout l'équipage était occupé aux manœuvres sur le pont.

A notre apparition, l'excellent capitaine devait nous rudoyer d'importance et nous demander compte de notre présence à bord.

Nous nous déclarâmes prêts à nous conformer à ces instructions et Vallerstein nous montra le chemin pour arriver sur l'arrière.

Rochefort émergea, je le suivais, puis Pain, puis Grousset, puis Ballière, puis Bastien.

Les matelots ahuris ne pouvaient en croire leurs yeux. Le capitaine, appuyé au gouvernail, la mine sévère mais légèrement allumée par une forte absorption de bordeaux, accueillait chaque apparition par un « aoh ! » britannique des plus courroucés.

« One ! two ! three ! four ! five ! six ! »

Il commença un speech des mieux sentis, auquel d'ailleurs nous ne comprenions absolument rien.

Nos regards étaient fixés sur la Nouvelle-Calédonie. A une lieue de nous les brisants mugissaient, couverts d'une blanche écume. Les flots se ruaient sur les récifs et de loin il semblait voir une charge de cavalerie dont on n'apercevrait que les panaches blancs.

Plus loin, à quinze kilomètres, le mont Revel dominait de ses masses noires éclairées par le rayon du soleil la presqu'île de Nouméa.

Nous étions en pleine mer, hors de notre souffrance qui devait être éternelle. Que nous importait le speech que l'on nous adressait !

Profondément émus, nous regardâmes le brave capitaine ; son visage hâlé trahissait une émotion aussi grande que la nôtre. — Après un instant d'hésitation nous ne pûmes nous contenir davantage, et nous nous précipitâmes sur notre sauveur, qui nous rendit chaleureusement nos poignées de main.

L'équipage, de plus en plus surpris, contemplait l'étrange tableau qu'il avait sous les yeux.

*
* *

Favorisés par un temps admirable, nous franchîmes les quatre cents lieues qui séparent Nouméa de Newcastle (Australie) en sept jours d'une joyeuse traversée.

Arrivés à Sidney, Rochefort télégraphia à un ami sûr, en France, et dix jours après une banque australienne nous avisait qu'un crédit de mille livres (vingt-cinq mille francs) nous était ouvert.

Le capitaine du *P. C. E.* reçut les 8,500 francs que nous lui avions promis. Ce n'était pas une récompense mais bien une indemnité. Les armateurs du capitaine Law, notre sauveur, venaient de le congédier.

A ce moment, quelques-uns d'entre nous apprirent qu'il fallait se séparer. Les ressources pour le retour n'étaient plus égales.

Bastien Grantille put se procurer, à bord d'un navire charbonnier de Newcastle, le passage jusqu'à San-Francisco.

Ballière partait pour Melbourne et, de là, essayerait de regagner l'Europe.

Rochefort et Pain, plus heureux, se dirigeaient sur Londres par San-Francisco et New-York.

Mon excellent ami Paschal Grousset, dont les ressources étaient plus considérables que les miennes, voulut partager avec moi la bonne et la mauvaise fortune.

Nous avions l'argent nécessaire pour atteindre San-Francisco par les voies les plus rapides. Dans cette ville nous trouverions peut-être un concours qui nous permettrait d'atteindre New-York.

Nous ne nous étions pas trompés. A San-Fran-

cisco nous rencontrâmes le vieux compagnon de
prison, le digne ami de Blanqui, Flotte, qui nous
fit le plus fraternel accueil. Avec son aide et celle de
ses dévoués amis de la colonie française de San-
Francisco nous pûmes parcourir les onze cents lieues
de territoire qui séparent la capitale de la Californie
de New-York.

A New-York, même accueil cordial et sympathique ; les amis que nous y avions nous assurèrent
le passage jusqu'à Liverpool et, le 20 *juin*, trois
mois après notre fuite de Nouméa, Paschal Grousset
et moi arrivions à Londres, où le bonheur d'embras-
ser nos familles nous était réservé.

LA MORT DE DELESCLUZE

> Croyez-vous donc que tout le monde approuve
> tout ce qui se fait ici ? Eh bien, il y a des membres
> qui sont restés et qui resteront jusqu'à la fin, et
> si nous ne triomphons pas, *ils ne seront pas les
> derniers à se faire tuer, soit aux remparts soit
> ailleurs.* Nous sommes pour les moyens révolu-
> tionnaires, mais nous voulons observer la forme,
> respecter la loi et l'opinion publique.
>
> (*Discours de* DELESCLUZE. Séance de la
> Commune du 22 avril.)

Depuis trois jours les soldats de la réaction étaient entrés dans Paris. La trahison avait vaincu la ville invincible. La Commune expirait dans une agonie pleine de grandeur donnant, pour les gloires de la défaite, le plus pur et le plus généreux de son sang.

Qui donc songeait à vaincre dans la semaine sanglante ?

La Révolution voulait mourir héroïque et tomber ensevelie dans les plis de son drapeau.

L'avenir, encore une fois, allait être écrasé par le passé. Qu'importait aux champions du Progrès et de la Justice ? La chute même ne serait-elle pas un enseignement, un exemple, un encouragement pour la génération du lendemain ?

La Commune de Paris n'était-elle pas le glorieux soldat d'avant-garde, le d'Assas de la Révolution ?

Frappée à mort, elle avait encore le temps de crier aux peuples asservis : « Prenez garde, frères, ce sont
» les ennemis ! Je péris sous les coups du privilége,
» du clergé, de la magistrature inamovible, de l'ar-
» mée permanente ; je succombe sous les efforts
» puissants des ennemis de l'émancipation humaine.
» Que de luttes encore à soutenir, que de défaites à
» essuyer, peut-être ! Mais après tant de sacrifices,
» après les sanglantes répressions d'une réaction
» victorieuse affolée par son triomphe, quelle aurore
» se lèvera au jour du triomphe définitif ! Ce jour,
» encore éloigné, vous en préparerez l'avènement
» en prenant pour guides la raison, la science et la
» solidarité. Vous vaincrez sûrement en réunissant
» vos efforts en un faisceau indestructible dans
» lequel vous grouperez, forces irrésistibles, toutes
» les bonnes volontés, tous les courages, tout ce qui,
» en un mot, veut résolûment, sincèrement le
» triomphe de la vérité sur l'erreur, de la science
» sur la foi, de la lumière sur les ténèbres, tous ceux
» qui veulent la liberté assurant à l'homme la pléni-
» tude de ses droits. »

*
* *

L'heure des grands dévouements, des morts hé-
roïques avait sonné.

Les soldats de l'humanité luttaient encore, dispu-
tant pied à pied, un contre dix, le sol de la grande
cité.

D'immenses lueurs éclairent le champ de bataille.
Les Tuileries brûlent ! La Préfecture de police, la
Cour des Comptes, le Conseil d'Etat, la Légion
d'honneur incendiés étendent sur la ville vaincue
un suaire de flammes et de fumée.

Partout le crépitement incessant de la fusillade
mêle ses sifflements au grondement formidable des
canons.

Paris semble un immense bûcher dressé pour
anéantir les apôtres et les défenseurs de l'idée révolutionnaire.

Tous sont là, réunis. En ce moment suprême,
les divisions ont cessé. Un même cœur bat dans
toutes ces poitrines, un seul sentiment anime ces
vaincus : ils veulent rester dignes de la grande cause
pour laquelle ils ont combattu.

Trente membres de la Commune sont assemblés
à la mairie du XIme arrondissement. Au milieu d'eux,
Delescluze, donne l'admirable exemple de son indomptable énergie.

Quarante ans il a lutté pour la justice et la liberté ;
pendant quarante ans il a tout sacrifié à sa foi répu-
blicaine.

Entré en 1830 dans la mêlée révolutionnaire, il
n'en sortira plus ; sa mort même restera comme le
symbole du dévouement aux principes pour lesquels
il a toujours combattu et souffert.

La prison, l'exil, Cayenne se le disputeront tour
à tour. La monarchie de Juillet, la seconde République, le régime du 2 Décembre épuiseront contre
·lui toutes leurs rigueurs. Delescluze restera l'in-
flexible soldat du devoir.

Aux dernières heures de la lutte géante que sa
mort va couronner, son vaillant esprit jusque là
hésitant s'est éclairé aux lumières de la science
nouvelle. Il a compris que la liberté politique doit
avoir pour conséquence l'émancipation économique
des travailleurs. Il entrevoit dans un lointain rayon-
nant la société future accomplissant sa mission de
paix, de travail et de justice.

Delescluze donnera sa vie pour affirmer la grandeur des principes que la Commune représente.

Devant les conseils de guerre, un Gaveau accu-
sera les chefs de la Révolution du 18 mars d'avoir
déserté le combat. Ce furieux de réaction, mort plus
tard dans une camisole de force, savait bien qu'il
mentait.

Duval et Flourens n'étaient-ils pas morts glorieu-
sement ?

Franckel, tout à l'heure, va tomber blessé derrière
une barricade.

Raoul Rigault, fusillé la veille, ne s'est-il pas
livré aux soldats pour épargner la vie d'un innocent ?

Varlin, cette rare intelligence, cette admirable
figure du parti socialiste, après avoir cherché la mort
en défendant les dernières barricades, sera lâche-
ment assassiné par les « honnêtes gens » en délire.

Plus tard, au poteau de Satory, Ferré, Rossel, Philippe tomberont, au cri de « vive la Commune ! » sous les balles du peloton d'exécution.

Hier, Dombrowski, de qui Versailles essaiera de flétrir la mémoire, a trouvé une fin digne de lui. A la tête des hommes qu'il a si souvent entraînés par ce courage froid qui affrontait, dédaigneux, les plus grands périls, Dombrowski a reçu une balle en pleine poitrine.

Édouard Moreau, le sympathique membre du Comité central, périra victime de son courage et de son patriotisme.

Et combien d'autres.

*
* *

Nous sommes au jeudi 25 mai, tout espoir de vaincre est perdu. La Commune et le Comité central se sont mêlés à leurs derniers défenseurs. Delescluze l'a dit dans sa proclamation : « Place au peuple, aux combattants aux bras nus ! Citoyens, vos mandataires combattront et mourront avec vous s'il le faut. »

Les élus du peuple de Paris ont pris place dans les rangs des combattants. Tous lutteront jusqu'à la dernière heure.

Les uns, quand tout sera fini, pourront échapper à leurs adversaires. D'autres mourront sur le champ de bataille ou au poteau de Satory, ce Calvaire de la Révolution du 18 mars. D'autres enfin expieront, dans les prisons, à l'île des Pins, à la presqu'île Ducos, au bagne, leur dévoûment à la cause révolutionnaire. La Commune, qui comptait soixante-dix membres, laissera trente des siens tués, blessés ou prisonniers entre les mains de ses vainqueurs.

Qu'importent donc les injures, les calomnies, les ignobles accusations de la réaction. Qu'importent les réquisitoires mensongers d'un Gaveau.

Tous les soldats du 18 mars, chacun au poste que lui assignaient ses facultés, ont dignement servi et défendu ce drapeau de la Commune de Paris, qui deviendra un jour le drapeau de l'humanité.

*
* *

Dans cette journée du jeudi, Delescluze avait visité les barricades de la Bastille et du XIe arrondissement. L'heure de la chute approchait. Malgré leur héroïsme, les fédérés ne pouvaient retarder que de quelques heures la victoire d'un ennemi nombreux et formidablement armé pour triompher de la résistance qu'on lui opposait.

La Commune avait perdu quarante mille de ses défenseurs tués, blessés et prisonniers. Quinze arrondissements étaient occupés par une armée de cent mille hommes. Cinquante mille hommes opéraient contre les bataillons décimés, exténués qui luttaient encore.

Delescluze avait pris une résolution suprême. Le délégué à la guerre de la Commune ne voulait pas, ne devait pas survivre à la défaite.

A six heures, on vint lui apprendre que la barricade du Château-d'Eau, en avant du boulevard Voltaire, était menacée.

La caserne du Château-d'Eau, la rue du Temple, le théâtre Dejazet, le cirque Napoléon étaient au pouvoir des troupes de M. de Mac-Mahon.

Derrière la barricade, les fédérés n'étaient plus abrités. Une pluie de balles et de mitraille les inondait. Réfugiés dans les maisons à droite et à gauche, ils résistaient encore aux efforts impuissants de leurs adversaires. Fauchés par la mort, ils étaient bientôt remplacés par de nouveaux combattants.

Sur ce point, il fallait arrêter l'ennemi et lui faire payer cher un triomphe qu'il avait cru facile. Il avait compté sans l'indomptable énergie des débris de la Commune.

L'armée de l'ordre, les troupes abusées par le gouvernement de Versailles devaient contempler, hélas ! sans le comprendre, ce grand spectacle d'une population qui succombe pour la défense de ses droits, et dont l'agonie terrible dispute six jours durant une défaite inévitable.

Delescluze, debout sur les marches de la mairie, demanda cent hommes de bonne volonté. Il y avait là deux cents fédérés qui, depuis soixante jours, se battaient aux avant-postes. A l'appel du délégué à la guerre, tous se levèrent pour le suivre.

Delescluze, que je rencontrai à ce moment, me permit de l'accompagner.

Je fus frappé de l'aspect calme, sévère, du vieux révolutionnaire. Sa mise correcte tranchait sur le désordre des vêtements de ceux qui l'accompagnaient.

Frais rasé, il portait une chemise éclatante de blancheur, retenue par trois boutons en or; son chapeau de soie noire était irréprochable. Un pardessus de demi-saison recouvrait une redingote noire, boutonnée soigneusement dans toute sa longueur. Les bottines étaient fines et élégantes.

Il marchait impassible sur le côté gauche du boulevard Voltaire; sa démarche crâne et décidée ne sollicitait que par saccades régulières l'appui d'une canne à pomme d'or, qui servit plus tard à le faire reconnaître.

Pour mourir, Delescluze avait retrouvé toute sa force, toute sa virilité; il avait fait soigneusement, coquettement sa dernière toilette.

Sur notre route, dans une petite charrette traînée à bras, nous reconnûmes Lisbonne, ce fou de courage et de témérité, que l'on rapportait les deux cuisses broyées par un éclat d'obus.

Plus loin, nos collègues Theisz et Avrial ramenaient, sanglant, blessé à mort, le brillant publiciste, notre cher et courageux Vermorel, qui n'avait pas voulu, non plus, survivre à la chute de la Commune, et répondait par cette fin volontaire aux attaques et aux calomnies dont il avait été l'objet. Deux jours auparavant il avait prononcé sur la tombe ouverte de Dombrowski un éloquent discours d'adieu.

Après avoir franchi le boulevard Richard-Lenoir, les hommes qui nous suivaient durent marcher en tirailleurs sur les trottoirs. Les balles sifflant avec rage balayaient la chaussée. En approchant de la barricade, la fusillade redoublait d'intensité.

Pour traverser les petites rues qui aboutissent au boulevard Voltaire, les fédérés devaient courir pour éviter le feu de l'ennemi qui occupait les flancs de notre dernière position de ce côté.

La barricade Richard-Lenoir, élevée à 400 mètres en arrière du Château-d'Eau, nous protégeait contre nos adversaires et les empêchait de nous tourner complétement.

Delescluze, du même pas grave et mesuré, marchait, sans se soucier des projectiles qui éclataient autour de lui, dans la direction de la barricade. De chaque côté de celle-ci les maisons d'angle brûlaient; leurs débris s'écroulaient dans un crépitement sourd, dans une gerbe de flammes, sur la barricade abandonnée. Dans les maisons voisines, les fédérés soutenaient, contre un régiment de ligne, une lutte désespérée ; véritable duel. D'un côté, le nombre, la force inconsciente; de l'autre, une poignée d'hommes résolus à mourir.

Nous étions arrivés à vingt mètres de la barricade.

Je suppliai Delescluze de s'arrêter, mais en vain. Ceux qui voulurent le suivre tombèrent autour de lui.

Sans hésitation, sans précipitation, Delescluze s'engagea dans le chemin couvert de la barricade.

Il avait écarté son pardessus. Sur sa poitrine découverte, l'écharpe rouge à frange d'or de membre de la Commune le désignait, comme une cible, à l'ennemi massé à deux cents mètres.

Le feu des Versaillais redoubla d'intensité.

Delescluze put faire quelques pas encore sur la place du Château-d'Eau.

Devant nous le soleil disparut, se voilant dans des nuages d'or et de pourpre.

Quelque chose comme un déchirement immense, lugubre, se fit entendre.....

Delescluze venait de tomber foudroyé !

UNE EXÉCUTION

(30 MAI 1871)

out était fini. Encore quelques heures et l'armée de Versailles triomphante aura raison des derniers défenseurs de la Commune.

Le samedi matin, accompagné d'un ami, je quittai notre quartier général, établi depuis la veille à Belleville, et me dirigeai vers la mairie du XIᵉ arrondissement, encore en notre pouvoir.

Des documents importants y avaient été oubliés, m'avait-on dit. Il fallait les soustraire à la curiosité des amis de l'ordre et empêcher que des renseignements compromettants, pour beaucoup des nôtres, ne tombassent entre les mains d'adversaires assoiffés de vengeance.

La place Voltaire était déserte ; seuls, deux hommes portant la capote des fédérés gardaient la barricade élevée sur le boulevard, près de la mairie.

En m'approchant, je reconnus mes courageux collègues, Gambon et Ferré, décidés à n'abandonner cette position qu'après l'avoir vaillamment défendue.

Ferré me rassura sur le sort des papiers que je venais chercher : ils avaient été enlevés et placés en lieu sûr. Je n'avais donc plus à me préoccuper à ce sujet.

Je quittai alors mes deux collègues après leur avoir donné rendez-vous à Belleville, où je me proposais de rejoindre mes admirables et dévoués collaborateurs de la délégation aux Finances.

J'avais trop compté sur mes forces. En remontant la rue du Chemin-Vert, je sentis qu'il m'était impossible de continuer ma route. J'étais brisé de fatigue. Depuis six jours, je n'avais pris que quelques heures de repos, et la marche que je venais de faire m'avait achevé.

Je demandai une chambre dans le premier hôtel que je rencontrai, et, sans me soucier du danger que je pouvais courir, je m'endormis sur un véritable grabat, au cinquième étage de l'hôtel.

Vers quatre heures, je fus brusquement reveillé par le bruit épouvantable produit par les obus qui tombaient sur le Mont-de-Piété, la Roquette et la rue du Chemin-Vert. Les troupes de Versailles avaient tourné le XIe arrondissement et se préparaient à l'occuper.

Je dus me résigner à attendre les événements, bien persuadé que j'échapperais difficilement aux recherches qui allaient, sans doute, être faites.

Le lendemain matin, 28 mai, à 4 heures, un bataillon de ligne campait dans la rue du Chemin-Vert. Des perquisitions étaient opérées dans toutes les maisons. On entendait de tous côtés le bruit lugubre des feux de peloton; chaque maison fournissait une ou plusieurs victimes; les soldats ivres assassinaient sans ordre de leurs chefs; ceux-ci leur avaient donné carte blanche et prenaient volontiers part à cette débauche du massacre.

De ma fenêtre, qui donnait sur l'un des côtés de la prison de la Roquette, je vis arriver une troupe de cent fédérés; ils furent introduits dans la prison et, pendant une heure, j'entendis une fusillade régulière qui m'apprit le sort réservé aux prisonniers.

L'hôtel qui m'abritait fut fouillé à son tour. Arrivé au cinquième étage, un caporal suivi de deux soldats se fit ouvrir la porte de la chambre voisine de la mienne. Un homme d'une quarantaine d'années l'habitait. Tout à coup, j'entendis un grand bruit; l'homme se débattait entre les mains des soldats, qui le précipitèrent dans l'escalier. Je me mis à la fenêtre, poussé par je ne sais quelle curiosité. Au-dessous de moi, dans une petite cour étroite, les trois assassins et leur victime venaient d'arriver. Le malheureux, évanoui, fut jeté le long du mur, les soldats le fusillèrent à bout portant, le caporal lui donna le coup de grâce. Le cadavre, dans une dernière convulsion, vint rouler au milieu de la cour.

J'appris plus tard, par le propriétaire de l'hôtel,

que l'infortuné que j'avais vu exécuter avait appartenu, sous le siége, à une ambulance ; pendant la Commune il s'était caché ; mais, dans sa perquisition, le caporal avait trouvé un brassard de la Convention de Genève : ce fut l'arrêt de mort de mon voisin.

Quelques instants après, j'entendis le pas lourd des soldats ; ils remontaient en riant pour achever leur infâme besogne.

Je me jetai sur le lit, où je feignis de dormir. Arrivés devant ma porte, un peu entr'ouverte, l'un des soldats dit au caporal qui allait entrer : « C'est la chambre de l'autre ! » J'étais sauvé, pour cette fois, grâce à cette heureuse confusion.

Vingt heures plus tard, le propriétaire de l'hôtel vint me prévenir que je ferais sagement de quitter sa maison. Sans me connaître, il avait facilement deviné que je me cachais, et, très obligeamment, il m'avertissait que je n'étais plus en sûreté chez lui.

*
* *

Toute la journée se passa pour moi à la recherche d'un asile, que je ne pus me procurer. Les personnes chez lesquelles j'avais espérer trouver une retraite étaient absentes.

Après avoir marché quinze heures à travers Paris,

j'arrivai, à onze heures, rue de la Glacière. J'avais pu, jusque là, échapper à la surveillance des nombreuses patrouilles qui sillonnaient Paris; mais je ne pouvais plus continuer cette promenade sans issue. Une dernière chance me restait. Dans la rue de la Glacière habitait un compatriote de mon père; c'était un marchand de chiffons en gros, possédant dans ce quartier des magasins considérables où il lui était facile de me donner un abri jusqu'au matin.

Le lendemain, un ami prévenu m'aurait sûrement accueilli.

Plein de confiance, je me présentai chez ce vieil ami de ma famille qui, pendant quarante années, avait conservé avec mon père, son camarade d'enfance, les plus affectueuses relations.

J'étais, ou plutôt je croyais pouvoir être parfaitement rassuré sur la réception qui allait m'être faite. J'avais reçu au Ministère des Finances, un mois auparavant, la visite très cordiale de notre compatriote et j'avais pu, à cette époque, lui rendre un service : je ne doutais donc pas de son dévouement dans la situation périlleuse où je me trouvais.

Quelle déception m'attendait ! Notre *vieil ami* n'eut pas un instant d'hésitation : il me déclara qu'il ne pouvait pas me recevoir; et comme j'insistais, il me menaça d'une dénonciation si je ne quittais immédiatement son domicile.

Jusqu'à une heure du matin, j'errai dans les terrains vagues qui bordent la Bièvre; mais ce plateau était garni de sentinelles qui me menacèrent plusieurs fois de leur fusil. A la fin, je fus signalé, et je vis au loin des soldats armés qui se dirigeaient en toute hâte de mon côté.

Fort heureusement, j'étais à peu de distance du chemin de fer de ceinture; je descendis ou plutôt je roulai sur la voie, encaissée à une grande profondeur en cet endroit. A quelques mètres du lieu de ma chute, je pus me blottir sous un pont de pierre, et j'eus la satisfaction d'échapper aux recherches des soldats.

Ce côté de Paris m'était peu connu, aussi je marchai plus d'une heure avant de rejoindre la route d'Orléans.

A deux heures du matin, j'avais réussi à atteindre le faubourg St-Germain. Dans ce quartier, j'avais quelque chance de pouvoir circuler sans grand danger, les papiers dont j'étais porteur indiquant mon domicile, rue du Bac. Je me dirigeai alors vers les Halles, où il me serait facile d'attendre le jour en me mêlant au monde de marchands qui les envahit de très bonne heure.

Au moment où je franchissais la rue de Grenelle, un garde national au brassard tricolore, policier-amateur plein de zèle, me demanda ce que je faisais à cette heure dans la rue. Deux autres braves amis de l'ordre le rejoignirent, et je dus me rendre avec eux au poste de la rue de Beaune.

Malgré la parfaite régularité des papiers dont j'étais porteur, le sergent qui commandait le poste me déclara, avec force excuses, qu'il était obligé de me garder jusqu'au matin pour me mettre à la disposition de la mairie du quartier. C'était l'ordre.

A huit heures, je fus conduit à la mairie du 8ᵉ arrondissement, située rue de Grenelle. Le capitaine du 15ᵉ bataillon de la garde nationale devant qui je fus amené me déclara, avec la plus grande courtoisie, que j'allais être mis en liberté, une petite formalité était seule nécessaire : le concierge de la maison que j'habitais devait venir me réclamer.

J'étais perdu !

Cependant je fis à mauvaise fortune bonne mine et j'attendis de pied ferme le dénoûment de cette étrange situation.

Une demi-heure après, la porte du cachot où j'avais été enfermé avec une vingtaine d'autres prisonniers s'ouvrit; je répondis sans hésiter à l'appel de mon nom supposé et j'allai résolûment au devant d'un bonhomme à cheveux blancs que j'avais eu quelquefois l'occasion de rencontrer lorsque j'allais chez mon ami.

Peut-être, en me voyant, se rendrait-il compte du danger que je courais et consentirait-il à me reconnaître pour son locataire, s'il en avait la présence d'esprit.

C'était une chance sur mille, il est vrai; mais dans la situation où je me trouvais, que risquais-je à la tenter ?

A peine m'eût-il vu qu'il s'écria : « Mais vous n'êtes pas monsieur X... ! » L'affaire devenait grave. Je haussai les épaules et, me tournant vers le capitaine, je lui dis : « Ce brave homme me croit, sans doute, gravement compromis et s'imagine qu'il y a danger pour lui à me réclamer; mais j'ai ici une personne qui n'hésitera pas à répondre de moi, c'est M. Hortus. »

M. Hortus était depuis longtemps maire du 7e arrondissement. Chef d'une importante institution dans la rue du Bac, il m'avait eu pour élève en même temps que l'ami de qui je possédais les papiers. Depuis notre sortie de son établissement, il avait conservé avec nos deux familles les meilleures relations et ne nous avait jamais perdus de vue.

Le capitaine, au nom de M. Hortus, accepta immédiatement de faire parvenir à celui-ci un billet que je signai, bien entendu, du nom de mon ami.

M. Hortus était encore chez lui. En apprenant que son ancien élève X... était arrêté, il voulut avoir la satisfaction de le libérer lui-même ; il vint en toute hâte, et la comédie du concierge recommença.

La porte de mon cachot s'ouvrit pour la seconde fois et j'aperçus *le père Hortus,* comme nous l'appelions, accompagné de plusieurs personnes; j'allai rapidement à lui, et lui saisissant la main : « Bonjour, monsieur Hortus » lui dis-je, et tout bas « je suis Jourde! » car il lui eût été assez difficile de me reconnaître. J'avais fait, la veille, une toilette qui me rendait presque méconnaissable.

Au nom que je venais de lui jeter, le vieil instituteur perdit complétement la tête : « Comment, c'est toi ! s'écria-t-il, toi, que je retrouve dans une pareille

circonstance ! » Et il s'éloigna en poussant des gémissements lamentables.

A peine quelques minutes s'étaient-elles écoulées
qu'il se fit un grand vacarme dans la mairie : le clairon appelait aux armes, les crosses de fusil réson-
naient dans les couloirs, on entendait des gens qui
couraient en jetant de grands cris. Un capitaine
d'état-major de la garde nationale se précipita dans
notre cachot. Il s'approcha de moi et, après quelques
instants d'une reconnaissance apparente, s'écria :
« Mais je vous reconnais, vous êtes Jourde !

« Pardieu ! lui dis-je, M. Hortus vient de vous
l'apprendre. »

Je comparus séance tenante devant la cour martiale qui siégeait dans l'ancien hôtel de l'ambassade
d'Autriche, situé en face de la mairie.

Le capitaine d'état-major qui avait prétendu me
reconnaître présidait ce semblant de tribunal ; il
avait pour assesseurs le capitaine du 15e bataillon de
la garde nationale et un lieutenant d'infanterie de
ligne.

Après un interrogatoire des plus fantaisistes, et un
procès-verbal dont le président de la cour martiale
fit plus tard un véritable roman, je fus condamné à
mort.

Un quart d'heure m'était accordé pour adresser aux
miens un mot d'adieu. Le quart d'heure écoulé, je
serais passé par les armes.

Après avoir écrit quelques lignes, je m'approchai
de la fenêtre de la salle où j'étais gardé à vue par des

hommes du 15e bataillon placés aux quatre coins de l'appartement.

Par un hasard singulier, l'un de ceux qui m'avaient condamné, le lieutenant d'infanterie, m'avait souvent rencontré au quartier latin, dans le temps qu'il était élève à l'Ecole militaire.

Ce fut lui qui me le rappela, pendant que nous regardions ensemble le peloton qui m'était destiné prendre position dans la cour de l'hôtel.

Le capitaine d'état-major rentra en ce moment et demanda une signature au lieutenant. Il me prévint en même temps que j'eusse à me tenir prêt.

Nous entendîmes le bruit d'une altercation dans l'escalier. Une estafette que l'on voulait empêcher de monter demandait à voir le président de la cour martiale : « Ordre du maréchal » dit l'estafette en remettant un grand pli scellé d'un large cachet de cire rouge.

Le capitaine Ossud parcourut rapidement le contenu de la dépêche : c'était l'ordre de surseoir à mon exécution et de me mettre à la disposition du commissaire central Ansart, qui était en permanence au ministère des affaires étrangères, où étaient installés les services du maréchal de Mac-Mahon et de la préfecture de police.

Le capitaine du 15e bataillon avait, sans prévenir ses collègues de la cour martiale, envoyé par un de ses gardes un rapport au maréchal, rapport dans lequel il s'attribuait, bien entendu, tout l'honneur de ma capture.

Ossud, qui, lui aussi, voulait avoir l'honneur de ma prise et de mon exécution, s'emporta avec une grande violence contre son indiscret et ambitieux collègue. Mais il fallait obéir.

Nous nous rendîmes immédiatement au ministère des affaires étrangères.

Je fus, à mon arrivée, mis en présence d'un commandant des gardiens de la paix nommé Vidal, je crois, et du fameux Claude, de la police de sûreté, qui se ruait sur tous les prisonniers qui arrivaient et les accablait d'injures et de coups.

Des fusiliers marins, campés dans la cour, nous faisaient entendre les plus odieuses menaces. Encouragés par leurs chefs, ces braves nous jetaient à la tête tout ce qui tombait sous leurs mains. En quelques minutes, je fus couvert de boue et d'immondices.

Après un rapide interrogatoire, on me fit passer dans une chambre voisine. A peine y étais-je enfermé que de grandes clameurs s'élevèrent dans la cour, les cris : « A mort, à mort la voleuse ! » dominaient le tumulte. Quelque chose d'humain fut littéralement jeté dans la chambre où je me trouvais.

Je vis debout, près de moi, une jeune fille, une enfant de quinze ans. C'était une petite ouvrière, très coquettement vêtue. Sa mise, bien que modeste, était rehaussée par ce je ne sais quoi plein de goût qui donne un charme si grand à l'ouvrière parisienne.

Elle paraissait plutôt surprise qu'effrayée et semblait ne rien comprendre à ce qui lui arrivait.

La physionomie de cette enfant était charmante; elle regardait franchement devant elle avec de grands beaux yeux noirs étonnés.

Elle avait d'admirables cheveux chatain foncé, à peine contenus sous un bonnet blanc gracieusement retenu par de petits rubans bleus. Le nez et la bouche étaient d'une rare finesse. Sur les tempes bien dégagées, des boucles mutines échappaient sous la ruche du bonnet.

Elle avait une attitude délicieuse, mélange exquis de hardiesse naïve, de pudique résolution.

Je fus frappé comme par une vision. J'avais possédé, au ministère des finances, un médaillon en plâtre représentant une tête de jeune fille coiffée crânement d'un bonnet phrygien. Ce médaillon était destiné à servir de modèle pour la tête de République qui devait être gravée sur nos monnaies.

J'avais devant moi l'original du médaillon.

Pendant dix minutes les vociférations les plus furieuses nous empêchèrent de parler. Une foule de misérables, composée d'agents de police et de soldats, nous adressait les plus obscènes plaisanteries et, avec d'immondes sarcasmes nous fiançait dans la mort prochaine.

Un gardien de la paix vint nous chercher. Nous n'étions plus en sûreté dans le lieu où nous nous trouvions.

L'enfant comparut devant Claude et le commandant des gardiens de la paix. Un homme à la mine abjecte s'avança : il déposa que la prisonnière avait été arrêtée, par lui et plusieurs de ses camarades, dans la rue de Lille, près des décombres de la Caisse des Dépôts et Consignations ; ils l'avaient surprise en flagrant délit de vol et demandaient grossièrement son exécution.

Les yeux de la jeune fille étincelèrent et d'une voix indignée elle protesta de son innocence.

L'homme insista, et plongeant la main dans la poche du tablier de la pauvre enfant il en tira d'un air victorieux... un fragment de miroir, moins grand que la main, et que la coquette enfant avait ramassé dans la rue, en se rendant à son atelier.

« C'est bien, dit Claude ; emmenez-la. »

Le bruit d'une décharge ébranla les vitres de la salle où je me trouvais.

L'homme à l'abjecte figure rentra et, s'adressant à ses chefs : « Son affaire est faite ! » Alors, seulement, il me sembla que la Commune venait de mourir.

*
* *

Je passai toute cette journée au ministère des affaires étrangères, en butte aux injures et aux violences des sauveurs de la société.

Le soir, vers huit heures, je fus étroitement garrotté à l'aide d'une corde qui me faisait plusieurs fois le tour du corps ; j'avais les bras fortement atta-

chés et ramenés vers les épaules, les jambes mêmes
étaient ficelées, ce qui me permettait de faire, avec
peine, des pas de trente centimètres.

Douze hommes furent commandés pour me conduire au Luxembourg ; le farouche Claude leur
déclara qu'ils répondaient de moi sur leur tête.
Là-dessus, mes braves gardes-du-corps m'entourèrent, ne me quittant pas de l'œil, et la main sur
leur revolver, afin d'empêcher toute tentative de
fuite ; la corde qui m'enlaçait aurait dû, cependant,
les rassurer et j'avoue qu'il me paraissait absolument impossible de faire un mouvement du côté de
la liberté.

Un de mes conducteurs s'empara, pour plus de
sûreté, du bout de corde qui pendait sur ma poitrine,
et dans cet équipage je parcourus la distance qui
sépare le ministère des affaires étrangères du Luxembourg.

Je souffris atrocement pendant ce trajet, les liga-
tures s'étaient resserrées et j'avais les poignets
meurtris par la corde trop fortement attachée ; je
m'en plaignis au chef de l'escorte, qui, pour toute
réponse, se contenta de resserrer ou plutôt essaya
de resserrer encore les liens qui me faisaient si cruellement souffrir.

Au Luxembourg nous ne trouvâmes personne pour
me recevoir, et ce fut à grand peine que le chef
d'escorte put décider un gendarme à me jeter dans
l'une des caves où étaient entassés de nombreux
prisonniers.

On me fit rouler, comme une barrique, sur les marches d'un escalier sombre. Une porte s'ouvrit et je rentrai brusquement dans une atmosphère empestée, au milieu d'une obscurité profonde.

Je tombai sur des corps couchés à terre qui me reçurent avec des gémissements. Les cordes s'enfonçaient de plus en plus dans les chairs. Je n'eus que le temps d'avertir mes voisins de l'état dans lequel je me trouvais; j'allais m'évanouir. Il fallut plus d'une heure à mes compagnons pour me délivrer complétement.

Nous étions cent dix hommes dans une cave sans jour et sans air, de 8 mètres de longueur sur 6 de largeur.

Nous n'avions aucune notion de l'heure ; minuit et midi avaient dans cet épouvantable séjour une nuit égale.

Une fois par jour, un gendarme remettait à chacun de nous 250 grammes de pain. C'était là toute notre nourriture.

Pour calmer notre soif, nous recevions deux bidons de campement contenant à peu près vingt litres d'eau.

Au centre de la cave, on avait placé un immense baquet en bois (souvent renversé dans cette obscurité) dont on devine la destination.

L'espace dans lequel nous étions parqués était si étroit que, pour dormir, la moitié d'entre nous devait coucher sur l'autre.

Pour donner une idée exacte de cette horrible

prison, il me suffira de dire que douze heures après mon arrivée, quand on ouvrit la porte de la cave pour la distribution de notre ration de pain, nous pûmes apercevoir, grâce à la lanterne dont le gendarme était porteur, des corps sans mouvement étendus dans la cave. C'étaient les cadavres de quatre de nos compagnons que l'asphyxie avait tués.

Je restai deux jours dans ce lieu abominable.

Le jeudi 1er juin, un capitaine de gendarmerie me fit sortir de mon cachot pour me faire passer par les armes.

Placé contre le mur, au fond de la cour de l'ancienne demeure des présidents du Sénat, j'allais être fusillé, lorsqu'un officier d'ordonnance du général de Cissey fit, d'une fenêtre du premier étage, un signe au peloton d'exécution qui s'apprêtait à me loger quelques balles dans la tête.

L'officier descendit dans la cour, et, après une très vive explication avec le capitaine de gendarmerie, il congédia le peloton et m'apprit que j'allais être dirigé sur Versailles — Quelques heures après j'étais enfermé dans la maison de justice de cette ville.

Deux mois plus tard, le 3e conseil de guerre me faisait l'honneur de me condamner à la déportation simple.

LE SPECULUM

Je vis depuis vingt-cinq ans chez les sauvages ; je
n'ai jamais rien vu de pareil aux outrages et aux
barbaries dont j'ai été le témoin depuis que je suis
revenu en France.

*(Déposition du Père Parnig — missionnaire
apostolique en Chine — devant le 3ᵉ conseil
de guerre. — 9 août 1871.)*

La victoire de l'armée de l'ordre fut complète.
Rien ne manqua à son triomphe, et la vengeance qu'elle tira de Paris effacera les pages
les plus horribles et les plus sanglantes de l'histoire.

Les Vinoy, les Cissey, les Ladmirault, les Galiffet,
dignes émules des plus odieux proscripteurs, inscri-
ront leurs noms au premier rang des bourreaux de
l'humanité.

A peine trouverait-on dans les conquêtes d'un
Tamerlan, des actes semblables à ceux qui firent
frémir le monde entier d'indignation et d'horreur.

En quatre jours de massacre, vingt-cinq mille
cadavres jonchèrent les rues de Paris.

Parmi les victimes on trouvait en grand nombre
des vieillards, des femmes, des enfants même.

Une jeune femme de vingt ans, dénoncée et arrêtée comme pétroleuse, fut conduite au général de
Galiffet :

« — Qu'on la fusille! dit-il.

— Elle porte dans ses bras un enfant de quelques
mois, que faut-il en faire?

— Fusillez-le aussi, il faut que cette graine dispa-
raisse ! »

Cinquante-cinq mille personnes furent arrêtées
en une semaine.

Trois cent cinquante mille dénonciations furent
adressées à la préfecture de police et à la justice
militaire; les honnêtes gens se disputaient l'honneur de pourvoir les conseils de guerre. Les élé-
ments ne leur manquaient pas : aux élections de
la Commune, celle-ci avait été acclamée par
deux cent vingt-cinq mille votants.

Nous n'avons pas l'intention d'entrer dans le
détail des turpitudes et des infamies auxquelles s'est
livrée une armée française traitant la capitale de
la France en ville conquise, abandonnée à ses san-
guinaires fureurs.

Deux millions d'hommes ont été les témoins ter-
rifiés et muets des actes monstrueux accomplis par
une armée en délire, soûle de vin et de sang.

Un jour viendra, nous l'espérons, où tous ces
spectateurs seront appelés à déposer contre les sauvages vainqueurs de la Commune de Paris.

Il est du devoir, croyons-nous, de chacun des
acteurs ou des spectateurs de ce drame sanglant, de

fixer ses souvenirs et de raconter sincèrement ce qu'il a vu ou ce qu'il sait sur cette époque funeste.

Rien ne doit être oublié, les moindres détails auront leur place dans le livre d'or consacré à la mémoire des assassins de mai 1871.

Le côté le plus particulièrement monstrueux de la sauvage répression dont Paris fut l'objet, c'est la variété et le raffinement de cruautés apportés dans leur vengeance, par les défenseurs de la morale et de la famille.

Deux traits entre mille le démontreront suffisamment :

Cinq cents fédérés avaient été enfermés dans la prison de Mazas. Ceux-là avaient été réservés pour les conseils de guerre; parmi eux, il y avait un grand nombre de pères de famille en proie à la plus vive inquiétude sur le sort de leurs femmes et de leurs enfants.

Le soir de leur incarcération, un greffier de la prison avertit plusieurs d'entre eux qu'ils seraient mis en liberté si quelqu'un de leur famille venait les réclamer; il les invitait, par conséquent, à écrire des lettres qu'il ferait remettre à destination.

C'était tout simplement un moyen employé pour trouver de nouveaux coupables, car aucun de ceux qui écrivirent n'obtint sa mise en liberté, mais il arriva que des parents qui venaient pour les voir et faire les démarches indiquées furent emprisonnés à leur tour.

Quelques-uns tombèrent dans le piége qui leur

7

était tendu. Parmi eux se trouvait un fédéré, devenu plus tard mon camarade de paillotte à l'île des Pins, de qui je tiens l'affreux récit qu'on va lire.

C'était un brave ouvrier carrier, qui avait dignement fait son devoir sous le premier siége et qui, à l'avènement de la Commune, continua à servir modestement dans les rangs de la garde nationale. Il était marié et père de deux enfants dont l'aîné avait trois ans ; sa femme était dans un état de grossesse très avancé quand il fut arrêté.

Tout heureux de pouvoir rassurer sa femme et sans doute de recouvrer une liberté si précieuse pour faire vivre les siens, il écrivit à sa chère compagne et attendit son arrivée, le cœur plein d'un joyeux espoir.

Malgré la promesse qui lui avait été faite, de longues semaines s'écoulèrent sans qu'il eût de nouvelles de sa famille. Il fut envoyé des premiers sur les pontons, ramené à Versailles où il apprit l'horrible vérité, et de là expédié en Nouvelle-Calédonie.

Au reçu de sa lettre, sa femme était accourue, portant dans ses bras une petite fille de sept mois.

La pauvre mère n'avait pas voulu remettre sa démarche au lendemain et s'était présentée à huit heures du soir à la porte de la prison.

Le factionnaire la fit entrer dans le poste, commandé ce jour-là par un sergent — soldats et chefs, tous étaient ivres ; ils entourèrent la malheureuse femme et se livrèrent sur elle à toutes les brutalités. Cependant, le sergent obtint un peu de calme et demanda à l'infortunée ce qu'elle venait faire à la prison. Toute tremblante, elle donna au sergent les renseignements qu'il lui demanda.

« Alors ce *crapaud* appartient à un fédéré ? » dit un soldat, plus ivre que les autres; et, arrachant des bras de sa mère la chère petite fille, il prit la frêle créature par une jambe et faisant un moulinet il écrasa la tête de l'enfant sur les dalles de la salle...!

La mère fut ramassée plus tard, évanouie, sur le trottoir qui borde la prison de Mazas. Revenue à elle elle put donner son adresse et fut ramenée à son domicile, où elle arriva presque folle.

Dans la nuit, elle accoucha d'un enfant mort, et pendant deux mois on désespéra de la sauver. Elle se rétablit peu à peu, mais depuis cette époque sa raison est restée fortement ébranlée.

*
* *

A Versailles, un lieutenant de gendarmerie devait accomplir l'acte le plus infâme qui nous ait été raconté.

Cet homme avait sous sa garde une partie des femmes arrêtées à Paris.

On les avait enfermées dans un immense dortoir au premier étage d'un établissement militaire. Dans la cour de ce bâtiment, transformé en prison, habitait sous des tentes un détachement de gendarmes, placé sous les ordres du. lieutenant et chargé de la surveillance des prisonnières. Celles-ci formaient deux catégories de détenues bien distinctes. Les unes étaient des filles publiques arrêtées sous les prétextes les plus futiles; les autres étaient des mères, des épouses, des sœurs des hommes gravement compromis dans la révolution du 18 mars. Ces dernières avaient été réparties dans diverses prisons et elles étaient fort heureusement en petit nombre dans le lieu que nous venons de désigner. Leur conduite pleine de courage et de dignité avait exaspéré le lieutenant à un très haut degré. Aussi, après les avoir torturées de toutes les manières pendant quelques jours, il conçut, pour se venger de leur ferme et digne attitude, un projet abominable qu'il mit promptement à exécution : il avait autorisé souvent quelques-unes des filles publiques à passer la nuit dans les tentes avec ses gendarmes.

Un jour, à son inspection du matin, il appela dans une chambre voisine du dortoir toutes les prisonnières dont la conduite honnête et courageuse avait excité sa colère.

Bien qu'elles n'eussent jamais consenti à descendre se promener dans la cour pour éviter certains contacts et pour n'être pas exposées à certains outrages, le lieutenant leur déclara que des prisonnières ayant communiqué une maladie honteuse à ses gendarmes, toutes les détenues indistinctement devaient être visitées et qu'on allait commencer par elles.

Des gendarmes se jetèrent aussitôt sur l'une d'elles, pauvre femme de *soixante-six ans*, et, devant le lieutenant et ses gendarmes qui contenaient les prisonnières, un aide-major procéda à une infâme visite.....

Les prisonnières soutinrent une lutte si désespérée, qu'après avoir fait subir à deux autres victimes, presque nues, les mêmes outrages, les ignobles bourreaux durent s'arrêter.

Les femmes qui avaient été l'objet de cet odieux attentat n'osèrent jamais se plaindre; leurs compagnes, dans un sentiment de pudique délicatesse, cachèrent ces monstrueux détails.

Et nous-même, qui les connaissions depuis longtemps, nous avions hésité jusqu'à ce jour à les raconter.

Le Père Parnig, bien que dans une autre intention, n'avait-il pas raison de dire :

« Je vis depuis vingt-cinq ans chez les sauvages; je n'ai jamais rien vu de pareil aux outrages et aux barbaries dont j'ai été le témoin depuis que je suis revenu en France. »

LE FORÇAT LIBÉRÉ

L a France entretient annuellement huit mille forçats, environ, en Nouvelle - Calédonie ; c'est sur cette île que sont dirigés exclusivement, après leur jugement, tous les condamnés aux travaux forcés à temps ou à perpétuité.

Depuis quelques années les bagnes de Toulon, Rochefort, Brest, Cayenne ont été supprimés.

Ce service de la transportation exige chaque année une dépense de plus de cinq millions de francs — Quel usage en tirent les condamnés et la France ? C'est là une question d'une grande importance que personne n'a encore songé à aborder d'une manière complète et sérieuse.

Qui donc s'occupe dans notre pays de ces milliers de misérables enchaînés, parqués à six mille lieues de la patrie ? Il semblerait que la société ait assez fait en isolant ces condamnés, en les livrant à l'arbitraire de fonctionnaires inhumains, en jetant dans un véritable tombeau des hommes parmi lesquels on trouverait certainement des natures faciles à améliorer, si l'on se préoccupait de trouver et d'appliquer les moyens propres à leur régénération.

Personne cependant ne s'est demandé si cette force considérable, stérilisée dans notre colonie, ne pourrait pas être utilisée dans l'intérêt de la patrie et des individus eux-mêmes.

Nul ne paraît soupçonner qu'il y a là aussi une œuvre grande, de haute moralité, d'intelligente justice, à entreprendre et à mener à bonne fin.

Que fait-on pour ces huit mille travailleurs, robustes, habiles pour la plupart? Que deviennent-ils? Qu'a-t'on fait pour les instruire, pour les relever, pour leur permettre de reconquérir leur dignité d'hommes? Rien!

La magnifique Australie doit toute sa richesse, toute sa prospérité, tout son merveilleux développement aux convicts anglais, qui sont pour la plupart redevenus des hommes, d'utiles citoyens, après avoir été rejetés par une société dont les responsabilités sont si grandes dans tous les crimes que quelques-uns commettent dans son sein.

Pourquoi les transportés de la Nouvelle-Calédonie ne seraient-ils pas appelés à espérer un avenir semblable?

Serait-ce que le criminel français soit plus corrompu, plus incorrigible que le criminel anglais? Non pas, mais le convict anglais s'est retrempé dans la liberté, reconquise par le travail et l'effort recompensés, tandis que le forçat français n'a pas l'espoir d'améliorer sa triste position; il ne reçoit aucun encouragement, son travail n'est jamais rémunéré, sa bonne conduite ne peut apporter qu'un adoucissement dérisoire au régime qu'il subit; soumis à une règle de fer, à un emprisonnement continuel, courbé sous le poids de ses chaînes, il perd, dans un inutile et honteux esclavage, ce qui lui restait de dignité.

Quelques publicistes ont écrit de courtes pages sur le régime actuel du bagne, mais aucun d'eux n'a étudié de près, n'a voulu aller au fond des choses et mettre le doigt sur la plaie en indiquant le remède énergique qu'il faudrait employer pour rendre au travail productif, à l'humanité, des milliers d'hommes que tant de circonstances sociales, si souvent indépendantes de leur volonté, ont rendus inutiles et dangereux.

*
* *

Au bagne, les forçats sont divisés par catégories. Dans la quatrième classe, accouplés deux à deux, portant la double chaîne, presque toujours au pain et à l'eau, sont relégués les condamnés les plus dangereux, les plus indisciplinés, ou, tout simplement, ceux qui ont eu le malheur de déplaire à l'un de leurs gardiens.

Dans la troisième classe on place tous les condamnés qui ne sont pas spécialement signalés. Plus tard, à force de bonne conduite ou plutôt de docilité absolue, ils sont mis dans la seconde classe; on leur laisse alors dans les pénitenciers un peu plus de liberté, on les emploie quelquefois à des travaux moins rudes que ceux auxquels sont soumis les condamnés de la troisième et de la quatrième classe.

Enfin, dans la première classe, on place, après un stage de plusieurs années, les irréprochables, qui obtiennent parfois une commutation de peine ou une fonction non rétribuée mais plus douce, dans les bureaux ou chez les nombreux fonctionnaires du gouvernement colonial.

Qu'on ne s'imagine pas que l'on tienne compte de la nature, de la durée de la condamnation pour classer le forçat.

Ce sont généralement les hommes les moins coupables, ceux qui sont encore dignes d'estime et de sympathie, malgré une faute grave, qui sont l'objet des rigueurs de l'administration. Cela s'explique facilement.

Supposons, par exemple, un homme condamné à cinq années de travaux forcés pour meurtre commis dans un accès de colère ou de jalousie; prenons un employé jusque là honorable et estimé qui, entraîné par une passion aveugle, s'est rendu coupable d'un détournement ou d'un faux.

Ces deux hommes ne sont pas pliés, comme le repris de justice, à la rude discipline, aux habitudes

des prisons. Ils n'ont pas fait un long apprentissage avant d'obtenir, comme disent les fanfarons du bagne, l'honneur d'une condamnation aux travaux forcés.

Il arrive que ces hommes conservent, au milieu de leurs compagnons, un sentiment de dignité, un respect d'eux-mêmes qui les rendent moins souples eutre les mains brutales des surveillants; ils subissent donc, la plupart du temps, toute leur peine, dans la troisième ou la quatrième classe.

Au contraire, le voleur, l'assassin, l'ancien locataire des maisons centrales qui arrive au bagne après avoir subi déjà dix ou douze condamnations, sait cacher sous des dehors hypocrites et repentis les plus dangereuses dispositions. Il est l'esclave, en apparence soumis et docile, des surveillants, dont il obtient parfois la bienveillance à l'aide des plus honteuses complaisances.

Celui-là, au bagne, sait trouver ses aises, se procurer des jouissances innombrables; il connaît mille moyens infaillibles pour tromper la surveillance; grâce à l'attitude qu'il sait prendre, son travail est moins pénible que celui qu'on impose au plus grand nombre de ses compagnons.

J'ai vu de fort près et bien souvent les forçats les plus dangereux; la quantité et la gravité des condamnations qu'ils avaient encourues, avant de venir en Nouvelle-Calédonie, étaient incroyables. Eh bien, ces hommes étaient les privilégiés du bagne, ils avaient toujours en leur possession des sommes relativement considérables à l'aide desquelles, à l'insu de la surveillance, ils pouvaient se procurer des objets de consommation sévèrement interdits par les règlements.

On peut dire que la situation d'un forçat au bagne est d'autant plus supportable et plus douce, que sa condamnation est plus grave et que les crimes qu'il a commis sont plus odieux et plus terribles.

*
* *

A sa sortie du bagne, le condamné aux travaux forcés à temps doit résider dans la colonie pendant une durée égale à celle de la peine subie.

Pour le forçat libéré qui veut se réhabiliter, pour ce malheureux avide d'oubli, de relèvement et de considération, cette nouvelle situation est encore intolérable.

Partout il est accueilli avec une telle défiance, un tel mépris, une si grande haine, la vie qu'il mène ressemble si bien à celle d'un lépreux au moyen-âge, que souvent il regrette le séjour du bagne; là, au moins, sa personnalité était morte, et il ne se voyait pas obligé, dans ce milieu, de subir la flétris-sure quotidienne qui l'attend à sa sortie du bagne, après qu'il aura subi une expiation trouvée suffisante par ses juges.

Une aventure dont j'ai été témoin terminera un chapitre que j'ai cru devoir écrire pour appeler l'attention des hommes de pensée et de cœur sur une question trop négligée et qui devrait, comme tant d'autres, être résolue depuis longtemps par une solution conforme à l'humanité et à la justice.

Pendant le séjour que je fis à Nouméa, je me rendis un dimanche sur les bords de la Dumbéa, à vingt kilomètres de la capitale néo-calédonienne, pour visiter quelques camarades de déportation employés chez des colons qui avaient créé de ce côté des établissements d'une certaine importance.

Nous déjeunâmes, mes amis et moi, à l'unique auberge du pays. C'était une des constructions les plus agréables de l'île. Sous une large verandah, des tables entourées de chaises recevaient d'assez nombreux consommateurs; ceux-ci étaient des colons des environs, des fonctionnaires, des officiers, des gendarmes en résidence dans cet endroit qui est le centre d'une petite agglomération.

Pendant le déjeuner, nous vîmes entrer un homme de vingt-cinq à trente ans environ; il portait très élégamment un modeste costume d'ouvrier dont la propreté et la bonne tenue attiraient le regard; sa physionomie, encadrée d'une longue barbe chatain clair, était extrêmement intelligente et sympathique. Il demanda fort convenablement à un petit kanaque, qui faisait l'office de garçon, un verre de limonade.

Le propriétaire de l'établissement arriva sur ces entrefaites; à peine eut-il aperçu le nouvel arrivé qu'il se dirigea vivement de son côté :

« — Vous savez bien que je ne veux pas qu'on vous serve, lui dit-il brutalement.

— Pourquoi cela ? vous n'avez presque personne en ce moment; permettez-moi de me rafraîchir et je me retirerai aussitôt après. »

Cette réponse avait été faite d'une voix pleine de tristesse et d'émotion.

« — Allez-vous-en, vous dis-je, reprit l'aubergiste; on ne vous servirait pas même un verre d'eau; je ne veux pas de vous ici. »

L'homme se redressa :

« — Et si je refusais de partir, que feriez-vous donc ?

— Les gendarmes ne sont pas loin, lui fut-il répondu; vous savez ce qu'il vous en coûterait de faire l'entêté.

— Tenez, monsieur, ce que vous faites là est grave, plus grave que vous ne le supposez; laissez-moi là, un instant, comme les honnêtes gens ont le droit de le faire, vous me donnerez, croyez-moi, plus qu'un instant de plaisir.

— Non, vous dis-je, si vous ne partez à l'instant, j'envoie prévenir.

— Eh bien ! je pars, dit en se levant le malheureux; mais, s'il vous reste un peu de cœur, vous regretterez toute votre vie ce que vous venez de faire. »

Et il se retira.

L'un de nous demanda au féroce aubergiste l'explication de sa conduite.

« — C'est un forçat libéré, je n'en veux pas chez moi.

— Pourquoi cela ?

— Si je recevais une pratique de cette espèce, je perdrais toute ma clientèle; cela a failli déjà m'arriver dans un cas semblable. Je ne tiens pas à être ruiné. Ce que je viens d'être obligé de faire, est d'autant plus regrettable (ajouta le chef de la maison, à notre grande surprise) que ce malheureux est un modèle de courage et de bonne conduite. Condamné à cinq ans de travaux forcés pour avoir détourné chez son patron des objets de toilette destinés à parer sa maîtresse, il est entré au bagne à vingt-deux ans. Depuis qu'il en est sorti, sa conduite est irréprochable. »

Le lendemain matin je rentrai à Nouméa avec un ami. Sur la route nous aperçûmes, entre deux gendarmes, les menottes aux mains, le libéré que nous avions vu si malmené la veille.

Il avait, en sortant de l'auberge, forcé la porte d'une baraque de surveillant de plantations, il avait cassé une chaise et un violon et s'était laissé arrêter sans résistance sur le lieu où il avait commis cet acte de violence.

Au conseil de guerre devant lequel il comparut deux jours après, il répondit : « Je n'ai pas voulu voler, vous le savez bien, mais l'existence de forçat

8

libéré est plus lourde pour moi que la vie qui m'attend au bagne. Faites donc de moi ce que vous vou-
drez. »

Il fut condamné par le conseil de guerre à cinq
années de travaux forcés, pour tentative de vol avec
effraction.

FIN.

TABLE DES MATIÈRES.

Typ. et lith. A. LEFÈVRE, rue Saint-Pierre, 9.